我最喜爱的第一本百科全书

科学奥秘

一点通

周　周◎编著

北京联合出版公司
Beijing United Publishing Co.,Ltd.

图书在版编目（CIP）数据

科学奥秘一点通 / 周周编著. -- 北京 ：北京联合
出版公司，2014.8（2022.1重印）
（我最喜爱的第一本百科全书）
ISBN 978-7-5502-3444-4

Ⅰ．①科… Ⅱ．①周… Ⅲ．①科学知识－少儿读物
Ⅳ．①Z228.1

中国版本图书馆CIP数据核字（2014）第190057号

科学奥秘一点通

编　著：周　周
选题策划：大地书苑
责任编辑：徐　秀　琴
封面设计：尚世视觉

北京联合出版公司出版
（北京市西城区德外大街83号楼9层　　100088）
北京一鑫印务有限责任公司印刷　新华书店经销

字数233千字　710毫米×1000毫米　1/16　14印张
2019 年 4 月第 1 版　2022年1月第 3 次印刷
ISBN 978－7－5502－3444－4
定价：59.80 元

序言

给小朋友的话

　　小朋友，你每天背着沉甸甸的书包，做着数不清的作业，是不是有时候会觉得辛苦、疲惫呢？可能有时候你也会这样想：如果获得知识也能像玩耍那样快乐该有多好啊！

　　本套丛书正是为你所设计的。从一个个简单、有趣的故事中，从一幅幅漂亮、好玩的插图上，使你在学习时能拥有一个轻松、舒适的氛围，并从书中探知你从前所不知道的世界，获得更多有用的知识。

序言

给家长的话

您的孩子现在正处于少年儿童时期，他们天真活泼、富于幻想，有很强的好奇心和求知欲，对身边的新鲜事物总是想要探究一下，"为什么"也就成了他们挂在嘴边的言语之一。这个时候，我们家长千万不能不理睬、不回应他们的好奇心，也不要随便找一本《百科全书》就扔给他们。作为孩子的启蒙教育者，我们更应该精心挑选一些适合他们这个年龄段阅读的生动有趣的知识性图书，并且要积极地引导他们在阅读过程中多加思考。这样不仅能够使他们真正获得丰富有用的知识，而且还能够培养他们主动思考的好习惯，从而开阔孩子的视野，并有益于他们未来的人生道路。

如今这个时代，人们极力呼吁素质教育和能力教育。从孩子的成长过程来看，能力最初来源于知识的不断积累和对思维方式的创新与开发。从无数的例子中可以发现，孩子最初并不常对某些事情发表看法，最主要的原因是他们对这些事情一无所知。然而，一旦他们非常了解一件事情，即使是最内向的孩子，也会想要将自己获得的知识告诉别人，此时如果得到鼓励，他将会更加积极地探究、思考更多的事情。长此以往，孩子的头脑中关于思考、创新的部分将得到很大的锻炼和提高，最终一定有利于他们未来的人生道路。

为此，我们特意编写了这套蕴含着丰富知识的系列丛书，在兼具科学性和趣味性的同时，结合当今时代的特征和少年儿童的特点，将最新的科学、人文知识介绍给广大的小读者们。这不仅可以帮助他们认识世界、了解世界，而且也是对课本内容的补充和深化，有助于提高孩子们的综合素质和个人能力。

目录

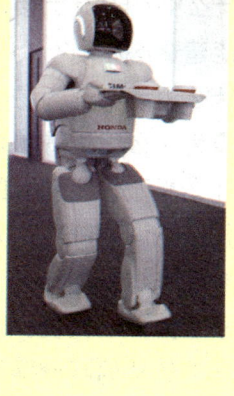

1 世界上第一台计算机是什么样的？

世界上第一台计算机叫做"埃尼阿克（ENIAC）"，它经过3年的研究，于1946年诞生在美国的宾夕法尼亚大学，当年2月14日在费城试运行。它的计算速度很快，每秒可从事5000次的加法运算，运作了9年之久。据说，需要100多名工程师花费一年才能解决的问题，ENIAC只需两小时便能求出答案。

ENIAC很能干，但它耗电也特别多。据说每开一次机，整个费城西区的电灯都为之失色。这台计算机的造价高达48万美元，体积也相当庞大——占地170平方米，重达30吨。虽然这台计算机有许多明显的不足之处，它的功能还不及现在的一台普通电脑，但它的诞生宣布了电

科学奥秘一点通

我最喜爱的第一本百科全书

子计算机时代的到来，开辟了计算机科学技术的新纪元。

1996年2月14日，在这世界上第一台电子计算机问世50周年之际，美国副总统戈尔曾亲自启动了这台计算机，以纪念信息时代的到来。

信息时代

人利用电子计算机和现代通信手段实现获取信息、传递信息、存储信息、处理信息、显示信息和分配信息的时代就是信息时代。

1.1946年，世界上第一台计算机在（　）里诞生。

A 英国剑桥大学　B 美国宾夕法尼亚大学　C 中国北大

2.世界上第一台计算机的寿命是（　）年。

A 9　B 10　C 12

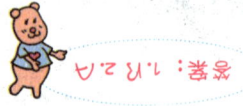

答案：1.B 2.A

2 电脑病毒是怎么回事?

电脑病毒是人为编制的一种有害程序,它能够影响电脑的正常运作,搅乱、改变或摧毁电脑中的软、硬件和资料。电脑病毒发作所造成的破坏程度大小不同,其影响小至可对屏幕的显示造成干扰,大到导致电脑失灵、使内存资料受到损坏。

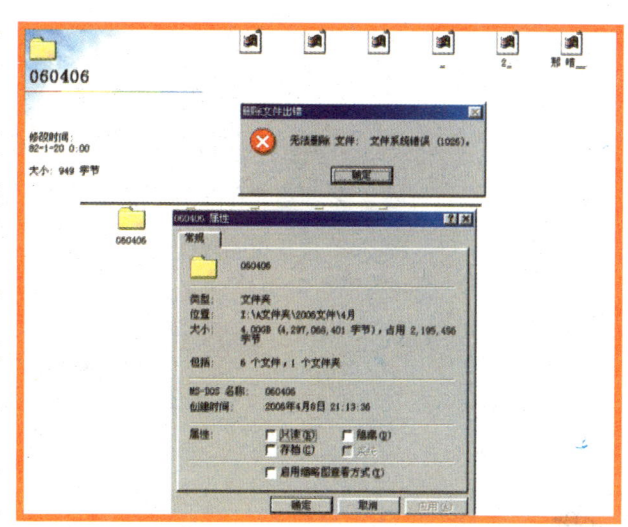

1986 年,可使电脑操作受到影响的电脑病毒首次被人发现。此后,

电脑病毒的数目不断增加。1988 年 11 月 2 日,美国康奈尔大学的学生莫里斯将自己设计的电脑病毒侵入美军电脑系统,使 6000 多台电脑瘫痪 24 小时,损失 1 亿多美元。据统计,北美的电脑病毒种类每 4 个月就翻一番。还有 1989 年 9 月,"耶路撒冷"病毒使荷兰 10 万台

003

科学奥秘一点通

电脑失灵。1992 年 3 月 6 日是"米开朗琪罗"病毒日，这一病毒使全球 1 万台电脑受到影响。随着电脑技术的不断发展，电脑病毒也在层出不穷地影响着我们的生活。

计算机程序

计算机工作的先后次序，也就像人做一件事，存在着先干什么，后干什么。计算机只有输入了这些程序才能工作。

小资料

考考你

1. 使电脑操作受到影响的电脑病毒是在（　　）年首次被人发现的。

A 1968　B 1988　C 1986

2. 对付计算机病毒以（　　）方式为主。

A 吃药　B 预防　C 输液

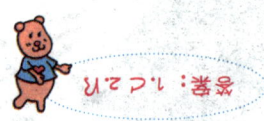

答案：1.C 2.B

3 可以把电脑穿在身上吗？

从固定电话到手机，从台式电脑到笔记本电脑，都说明了科技进步使我们的生活越来越方便，越来越贴近生活。

未来的科技是什么样子呢？

可能会有数字化的服装面料，包括具有记忆能力的丝绸，具有计算能力

的牛仔布，具有太阳能充电功能的扣子，具有接收信号的毛线等等。到了那个时代，一体化电视、电话都可以戴在手腕上，电脑当然也可以穿在身上了。

可以想象，当我们穿上这种功能的衣服将会是什么情景，我们走在上学的路上就能知道学校正在发生的事情，穿上这种衣服我们会变得更加强大、更有自信。

科学奥秘一点通

穿在身上的电脑

　　在 2002 年 10 月中国国际高新科技成果交易会上，一位身穿集成有微型电脑的黑马甲，头戴可模拟成像的单目镜，手持特制的滑板鼠标的模特吸引了许多观众引颈观看。当模特在高交会馆走动时，周围的场景通过他身上的电脑摄像头传回到展示台的大屏幕上，而在大屏幕的一角，清晰地显示了模特所在的位置。

考考你

　　1.现代化科技的发明和应用越来越贴近(　　)。
　　A 军事　　B 生活　　C 文件
　　2.未来的科技世界里可能会有（　　）的服装面料。
　　A 图像化　　B 理论化　　C 数字化

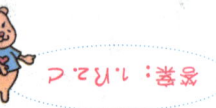

答案：1.B 2.C

4 什么是电子图书？

电子图书是将转换成电信号的文字、图像、声音输入作为记忆装置的小型光盘，阅读时使用电脑读出内容的书籍。一个直径 12 厘米的光盘可记忆一年的报纸内容。

虽然光盘的信息容量很大，但是要检索、提取里面的信息却极其快速、简便。一张光盘含有二三十万页的文字信息，你可以任意查看里面的一篇文章、一句话甚至一个字，只要手指按几下键盘的工夫，一两分钟就能找到。要看光盘里面录制的内容，只要把光盘塞进驱动器，微机上的屏幕上就会显现出你要看的内容。整个过程使用起来非常方便，几分钟就能学会。

所以，电子图书的出现大大节省了图书馆的管理和维护等繁琐的

科学奥秘一点通

事情，只要轻轻一按键盘，要看的书便一目了然。

电子图书最终能取代纸质图书吗？

这是一个发展的趋势，但目前还不可能。纸制作的图书还有它自己的优势，而且人们普遍习惯阅读书籍。利用电脑或者DVD机阅读的人数在不断增多，也说明了电子图书有自己独特的优点。这两种图书会在很长一段时间内彼此共存发展。

（　　）是将转换成电信号的文字、图像、声音输入作为记忆装置的小型光盘，阅读时使用电脑读出内容。

　　A 电子图书　　B 电脑　　C 光盘

答案：C

5　什么是MP3音乐？

MP3 音乐是一种音乐的处理技术，它能够将以数字信息状态存在的音乐压缩成极小的文件，并将其存储在电脑之中。以前，由于音乐文件占用的空间非常大，所以根本不可能在电脑中存储音乐文件。现在，用 MP3 格式可以将文件压缩成比原来文件小 12 倍的文件。举例来说，以前一首普通歌曲大约占 40MB，而用 MP3 格式压缩同一首

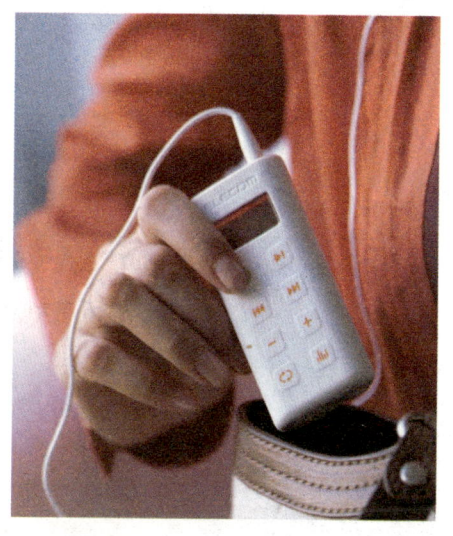

科学奥秘一点通

歌曲却不到 4MB。

　　MP3 文件被压缩得如此之小，以至于不仅可以轻松地存储，而且还可以通过电子邮件和互联网来传送，当然也可以将这些文件存储到易于携带的便携式 MP3 播放机中。与磁带和 CD 不同，MP3 可以让人们根据自己的意愿安排音乐的播放顺序，而且，音乐的音质也不会随着时间的推移而"失色"，无论文件多老，音质依然像刚刚录制完一样。

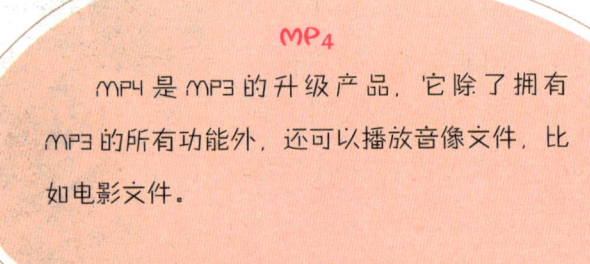

MP4

　　MP4 是 MP3 的升级产品，它除了拥有 MP3 的所有功能外，还可以播放音像文件，比如电影文件。

小资料

考考你

1. 用 MP3 格式可以将文件大小（　　）。
A 保持不变　B 压缩小　C 放大
2. 随着时间的增加，MP3 音乐的音质（　　）。
A 变好　B 变坏　C 不变

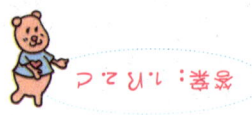

答案：1.B 2.C

6　为什么电脑不能代替人脑？

我们了解人们把某些能够用语言来表达的解决问题的方法、经验等写入计算机程序，计算机仅仅就是执行这些程序而已。不能用任何语言描述的问题，计算机就无能为力了。

人脑的生理结构和工作方式与电脑完全不用。人类的智慧，包含了许多语言所不能表达的成分。有些人能"一目了然"

的事物，即使是最先进的电脑，经过千万次、乃至上亿次运算，也还是认识不了。无法用语言描述的问题，不存在算法，从而也不能被编写为程序，计算机也就无法解决该问题。因此，计算机再先进，也不能代替人脑。

我最喜爱的 第一本 百科全书

电脑可以和人脑连接吗？

人脑和电脑一旦相连，电脑将能直接接收人脑的意念，或解除病人的痛苦，或让人通过意念来操纵机器，从而使人脑具有不可思议的高智商。因此有的科学家打算将两块超微型硅片与盲人神经连接起来，一片硅片捕捉射入眼睛的光线，另一片输送到神经细胞，绕过破损的视网膜帮助盲人看见东西。虽然这样的设想非常好，但是还有待科学的证明和试验。

1. 只有能用（　　）做明确描述的问题，计算机才有可能解决。

A 想法　B 语言　C 手势

2. 人类的（　　），包含了许多语言所不能表达的成分。

A 身体　B 智慧　C 行为

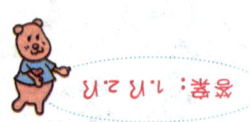

答案：1.B 2.B

7 为什么要用因特网？

因特网，又称国际计算机互联网，是目前世界上影响最大的国际性计算机网络。因特网通过各种通信线路和软件范围内的计算机网络连接成一个整体。因特网含有丰富的信息资源，是人类巨大的信息宝库。这些资源多得超出任何一个人的想象力。我们在因特网上可以实现资源共享、相互通信和远程教学等。

比如可以在家中的计算机上查阅学校图书馆的书目或者是北京图书馆的书目；可以到中央电视台的网站查看节目预告甚至还可以收看电视节目；可以几秒钟内把图片、照片和音乐等传给美国的朋友；可以网上购物等等。使用因特网使人们之间的交流越来越便利，节省了大量的

科学奥秘一点通

时间。它预告着未来人们生活的自动化、智能化，因此越来越多的人加入到因特网中，成为网民。

因特网如何传送文件？

当传送一个大文件时，因特网先把它分成一个个较小的信息块，每一块（称为IP分组或包）都标明发送方和接受方的地址单独传送。待所有的信息块到达目的地后，再根据传输控制协议重新整理、排序、合并，恢复为原来的文件交给用户。

考考你

1. 因特网，又称（　　）。
A 国际计算机互联网　B 互联网　C 网络
2. 当传送一个大文件时，因特网先把它分成一个个较小的（　　）。
A 电信号　B 信息块　C 文件

答案：1.A 2.B

8 什么是宽带？

宽带，顾名思义是传输带很宽的意思，通常是相对于传统的窄带的电信网而言的，其本身其实并没有很严格的定义，主要是指在同一传输介质上，使用特殊的技术或者设备，利用

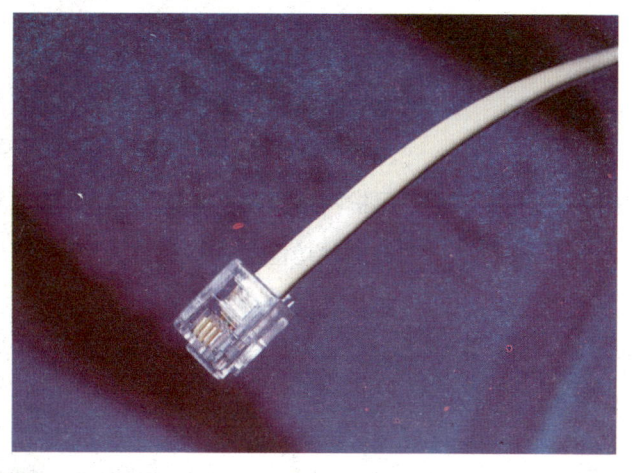

不同的频道进行多重（并行）传输，并且速率在 256Kbps 以上。至于到底多少速率以上算作宽带，目前没有国际标准，有人说大于 56K 就是宽带，有人说 1Mbps 以上才能算宽带，并没有定论。国际电联在早些时候召开过关于宽带通信的会议，美国提出把 200Kbps 以上的传输

带宽定义为宽带，即每秒传输 20 万个"比特"，相当于 2.5 万个英文字符或 1.25 万个中文字符。200Kbps 的带宽使计算机上的小窗口

科学奥秘一点通

图像能够比较清晰，如果用来传声音，质量极高。与传统的互联网接入技术相比，宽带接入技术的最大优势就是接入的带宽大大拓展，一般是普通拨号上网的 30 倍以上。

什么是防火墙？

防火墙是阻挡外来火势，保护自身安全的一种建筑。在互联网上，人们采用类似的方法，保护网络资源不受病毒和"黑客"的侵害，具有这种功能的设备也称为"防火墙"。防火墙插在内部网与互联网之间，作为两者之间的阻塞关卡，起到加强网络安全与审计的作用。

考考你

宽带接入技术一般是普通拨号上网的（　）倍以上。

A 30　B 50　C 60

答案：A

9 什么是液晶屏幕?

走在大街上，我们常可以看到街上巨大的变色广告，还有家里的电视机和电脑的屏幕等等，这些屏幕都叫做液晶屏幕。

液晶是个什么东西呢？它是在一定温度范围内呈现既不同于固态、液态，又不同于气态的特殊物质态，是一种介于固体与液体之间，具有规则分子排列的有机化合物。液晶能像晶体那样折射各种光芒，又能像液体那样

科学奥秘一点通

流动。

　　液晶屏幕比普通屏幕的耗电量小，而且环保，辐射低，因此它越来越受到用户的欢迎。现在许多家庭都开始使用液晶屏幕的电视和电脑了。

液晶的用途

　　液晶的作用很广泛，它可用于军工及航空仪表显示、轮船、油田、火车、特种工具车辆、公交及长途大巴、公共场馆商业广告屏、ATM提款机、监控系统显示及其他特殊要求的户外图像显示。

小资料

考考你

1.液晶具有（　　）和（　　）的性质。
A 晶体 液体　　B 晶体 固体　　C 气体 液体
2.利用液晶制作的显示屏叫做（　　）。
A 超薄清晰屏幕　　B 电子屏幕　　C 液晶屏幕

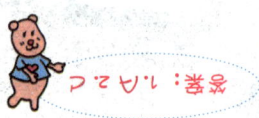
答案：1.A 2.C

10　什么是电子商务？

电子商务是通过互联网，在全球范围内实现消费者的网上购物、商户之间的网上交易和在线电子支付的一种新型的商业运营模式。用户可以联机订购无形货品，

如购买服饰、食品，享受娱乐服务，使用电子信息服务，还可以在网上参与股票交易等。

可以这样说，人们利用电子商务足不出户就能工作，一切都可以在网上进行。它不但能够大量减少人力、物力，以降低成本，还突破了时间和空间的限制，使得交易活动可以在任何时间、任何地点进行，从而大大提高了工作效率。

科学奥秘一点通

电子商务的基本构成

电子商务可以分为三个基本系统：信息服务、交易和支付。参与电子商务的实体有四类：顾客（个人消费者或企业集团）、商户（包括销售商、制造商、储运商）、银行（包括发卡行、收单行）及认证中心。

1. 电子商务可以通过（　　）在全球范围购物。

　　A 报纸杂志　　B 互联网　　C 朋友介绍

2. 电子商务分为（　　）、交易和支付三个基本系统。

　　A 信息服务　　B 工作　　C 浏览

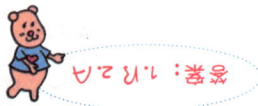

答案：1.B 2.A

11 为什么计算机能战胜国际象棋世界冠军？

1997 年 5 月国际象棋冠军卡斯帕洛夫被计算机"深蓝"打败，此后人们就担心是不是有一天计算机会超过人脑，计算机会不会控制人类呢？其实，如果我们知道了计算机为什么能打败卡斯帕洛夫我们就不会担心了。

每一个下象棋或围棋的人都有自己的战术和棋路风格。计算机"深

蓝"在和卡斯帕洛夫对弈时，使用了一种软件，这个软件是编制计算机程序的工作人员，把卡斯帕洛夫成功的经验和各种战术加以整理后制作的。在卡斯帕洛夫和"深蓝"比赛时，软件在计算机内部运行。由

科学奥秘一点通

于计算机的快速、准确的思维，在每下一步棋的时候，它都会快速的计算出卡斯帕洛夫下一步会怎么走，这样计算机就总能先一步走在卡斯帕洛夫的前面。这就不是一对一的比赛，而是卡斯帕洛夫和很多人比赛，因此"深蓝"能够战胜卡斯帕洛夫。

深蓝计算机

它是美国 IBM 公司研制的世界上计算能力最强的计算机，它曾多次刷新计算机计算速度的世界纪录。如今深蓝的计算速度为每秒 290.6 兆次，而此前它创造的最高纪录为每秒 136.9 兆次。

计算机"深蓝"在和卡斯帕洛夫对弈时，使用了一种（　）。

A 电脑软件　B 无敌神水　C 超强动力

答案：A

12 什么是"蓝牙"技术?

"蓝牙"这个名词最近总是被人们提及，究竟什么是"蓝牙"技术呢？

跨入信息时代，人们拥有越来越多的数字设备，随之而来的是布满办公室和居室的各种各样令人讨厌的线缆，这一切必然给人们的生活带来诸多不便。

爱立信公司在 1994 年开始研究移动电话的无线连接技术。1998 年 5 月，数字设备的无线连接标准正式推出，并命名为"蓝牙"技术。

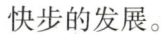

"蓝牙"技术自 1998 年成为一项全球性的开发标准以后，已经有了快步的发展。

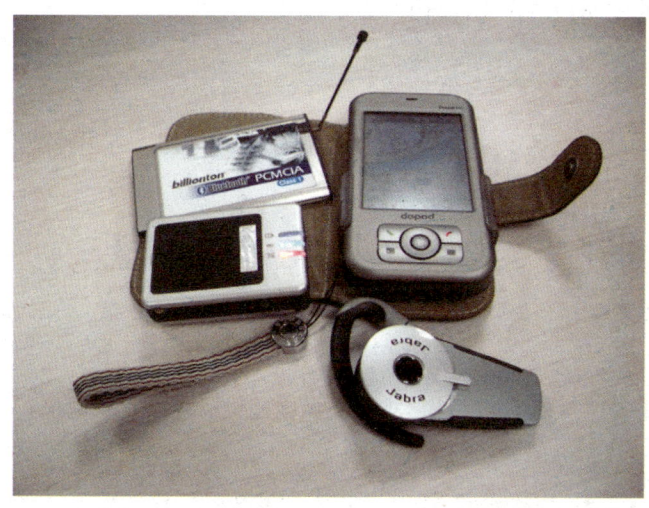

广州已将"蓝牙"列为重点科技攻关项目，并开辟了中国第一个"蓝牙"科技园，用于建设"蓝牙"测试认证中心和开发实验室。虽然，目前的"蓝牙"芯片价

格还居高不下，不过，随着各项技术的发展，让"蓝牙"为我们去"啃咬"家电产品的日子应该不会很远了。

芯 片

电脑和所有电子设备的"大脑"称为微处理器，也就是芯片。芯片很小，它甚至比一个手指头还小，但是芯片上却有 2000 万只晶体管，像一个小小的电子城市。

1998 年 5 月,(　　)的无线连接标准正式推出，并命名为"蓝牙"技术。

A 数字设备　B 电子设备　C 通信设备

答案：B

13 为什么机器人能听懂人讲话？

20世纪50年代，美国发明家德沃尔和英格伯格共同合作，设计出了第一台工业机器人，并合办了世界上第一家机器人制造工厂。后来经过科学家的不断努力，有些机器人能听懂人讲的话。

机器人之所以能听懂人讲话，是因为人们为它安装了像人那样的

"听觉器官"。虽然机器人的"听觉"没有人的耳朵那样精密和复杂，但是两者的听觉原理基本上是相同的。

机器人的"耳朵"是听觉传感器，它能对声音产生反应，并把信号传到"听觉区"。为了实现人与

科学奥秘一点通

机器人的对话，首先应规定必须用标准语言与机器人进行交谈；其次必须限定对话中所使用的词汇量。这是机器人听懂人讲话的先决条件。但是这些还不够，机器人还必须有一个"大脑"——电脑，以便理解和判断所听到声音的含义。只有这样，机器人才能真正听懂人讲的话。

传感器

传感器就像人的各种感官，把它装在机器人身上，机器人就可以自己把接受的信息进行处理，并且做出适当的反应。

（ ），美国发明家德沃尔和英格伯格共同合作，设计出了第一台工业机器人。

A 20 世纪 50 年代

B 20 世纪 60 年代

C 20 世纪 80 年代

答案：B

14 遥控器是怎么工作的？

现代生活中应用最广泛的一种遥控器是红外线遥控器。由于红外线遥控装置具有体积小、功耗低、功能强、成本低等特点，因而继彩电、录像机之后，录音机、音响设备、空调以及玩具等其他小型电器装置上也纷纷采用了红外线遥控。

红外遥控系统由发射和接收两大部分组成。发射器包括调制器和红外发送器，它和微型按键一起放在遥控器的小盒子里。红外接收器安装在电器的正面面板上，包括接收器、抗干扰电路、解调器、开关控制器等。

使用遥控器时，调制器把开关按键信号传到红外线载波上，红外发送器负责发射，接收器将照射到它上面的红外光波转变成电信号，抗干扰

科学奥秘一点通

电路能够鉴别和排除周围环境中的红外线干扰信号，解调器将被调制的红外光波中的信号解调出来，送到开关控制器，这就完成控制的操作了。

红外线

它是一种波长极短的电磁波，不能穿越砖瓦水泥墙体，对人体和环境也没有危害。

考考你

1. 生活中使用最广泛的摇控器是（　　）摇控器。

A 紫外线　B 无线电　C 红外线

2. 红外线是一种电磁波，辐射出的光波对身体（　　）危害。

A 有很大　B 有很小　C 没有

答案：1.C 2.C

15　传真机是怎样发送和接收书面资料的？

只要拨通对方的电话号码，对方马上可以看到你提供的图文资料，这就是神奇的传真机。

传真机发送资料时，对书面资料直接进行扫描，并把扫描的信息转变成电信号，通过电话线把电信号传到另一台传真机上。传真机接受资料时，把收到的电信号经过信号转变，再将书面资料复制出来就可以了。

传真机进行信号转变，主要是由传真机的发送机和接收机来完成的。传真机的发送机是由一种具有光电转换作用的光电管组成的。光电管能够识别书面资料各部分的颜色及深浅，并把这些信息转变成强

科学奥秘一点通

度不同的电信号，再经过电子电路的整形、放大、调制、编码之后，通过电话线路传输出去。传真机的接收机收到从电话线上传来的电信号后，立即对这些电信号进行放大、解调等处理，把电信号转换成图像信号，通过打印机把书面资料还原出来，这样就完成了传真机的主要工作。

如何使用传真机？

每一台的传真机都不同，但是它们的用法是一样的，把传真的那张纸反过来放进去，然后再按传真号码，接着按确定键——一般确定键是绿色的。这样那张纸的内容就自动传过去了。如果传不过去，那张纸就会出来，告诉你有问题。一般再传几次就可以了。

考考你

1. 光电管能够识别书面资料各部分的（　　）及深浅。

A 薄厚　B 颜色　C 大小

2. 传真机的接收机接收到从（　　）上传来的电信号。

A 电脑　B 电话线　C 电话

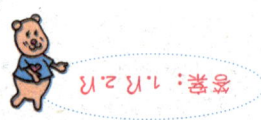

答案：1.A 2.B

16 霓虹灯为什么那么鲜艳夺目？

平淡无奇的高楼，夜晚霓虹灯亮起来的时候，就变得光彩夺目。我们不禁奇怪，为什么白天看上去无色透明的灯管，夜晚一通上电就射出红红绿绿、鲜艳夺目的光芒呢？

原来，霓虹灯里面加了几种无色的稀有气体，它们主要是氦气、氖气、氩气和氙气。这些气体又名惰性气体，体积只占空气的 0.94%，它们的化学性质非常不活泼，不容易发生化学反应。

科学奥秘一点通

但是，如果把氦气装到霓虹灯里，通电后氦气受到电场的激发，就射出淡红色或黄色的光芒；如果把氖气加入霓虹灯，通电后就会发出红光；氩气会射出淡青色的光；氙气会射出青光。人们就是根据这些特性，把它们分别装在想要的霓虹灯里。于是，夜晚我们就可以看见色彩斑斓的世界了。

荧光棒

荧光棒发光是因为它里面的化学物质发生反应，并将反应后的能量传递给荧光棒表面的染料上，再由染料发出荧光。

1. 霓虹灯里面加了几种（　）的稀有气体，又名惰性气体。

A 无色　　B 蓝色　　C 红色

2. 如果把氖气加入霓虹灯，通电后就会发出（　）。

A 蓝光　　B 青光　　C 红光

答案：1.A 2.C

17 为什么水会流动?

大家都看过流动的水,比如自来水、河水,但是,它们为什么会流动呢?

原来,不论什么东西都是由分子或原子组成的,分子和分子之间是有空隙的,但是各种东西的分子之间的距离是不一样的。分子和分子之间距离最大的是气体,所以气体没有一定的形状,它流动得最快。我们在太阳下可以看到有很多灰尘颗粒在浮动,就是因为空气里的分子在运动,它们撞击了灰尘,灰尘就会乱飞。再比如金属、木头等固体物质,它们的

033

分子和分子距离就很小，因此能相互牢牢地吸引，所以固体物质都能保持一定的形状和体积。可是液体的分子和分子之间的距离很大，相互的结合就没那么紧密，相互的吸引力就很小，它的形状可以变化。水是液体最具有代表性的一种物质，它会流动，没有固定形状有固定的体积。

水的三态

水的三态即液体、固体、气体。液体的水很常见，我们每天都可以看到。固体的水就是雪花、冰雹等，一般只在特定的季节出现。气体的水就是水蒸气了，它也是水的常态，但我们肉眼不容易看到。

1. 分子和分子之间距离最大的是（　　）。
A 液体　B 固体　C 气体
2. 固体分子之间的空隙（　　），所以它们有一定的形态。
A 没有　B 很小　C 很大

答案：1.C 2.B

18 金字塔的高度是怎样测量的？

金字塔是古代埃及国王的坟墓，是古埃及劳动人民智慧的结晶。金字塔建成于 2600 年前，是三棱锥形体，垂直高度是 146.5 米。建成以后，国王想知道自己的坟墓有多高，这在现在看是很简单的一件事情，可是在 2600 年前却是难以测量。

后来一个有名的学者法列士想了个方法，解决了这个难题。法列士是在他自己的影子等于自己的身高时才测量的。这时候，日光以 45 度的

科学奥秘一点通

角度射向地面，那么由金字塔的顶点到塔底的中心点和阴影的端点之间组成的三角形是一个等腰三角形。这个等腰三角形的两端，即金字塔的顶点到塔底中心点的距离和塔底中心点到阴影端点的距离是相等的。塔底中心点到金字塔底端的长度法列士早就测量好了，就是金字塔底边的一半长。他又让人测出金字塔底端到阴影端点的距离，然后把这两个长度相加就得到阴影的距离了。这样，金字塔的高度就算了出来。

胡夫金字塔

胡夫金字塔位于埃及首都开罗西南约10公里的吉萨高地上，它是埃及现存规模最大的金字塔，被喻为"世界古代七大奇迹"之一。胡夫金字塔现在底边为227米，高136.5米，相当于一座40层摩天大楼，塔底面呈正方形，占地5.29万平方米。

金字塔最初的用途是（　）。

A 储存食物的　B 供观光旅游的　C 国王的坟墓

答案：C

19 为什么不能把录音机、电视机、录像机放在一起?

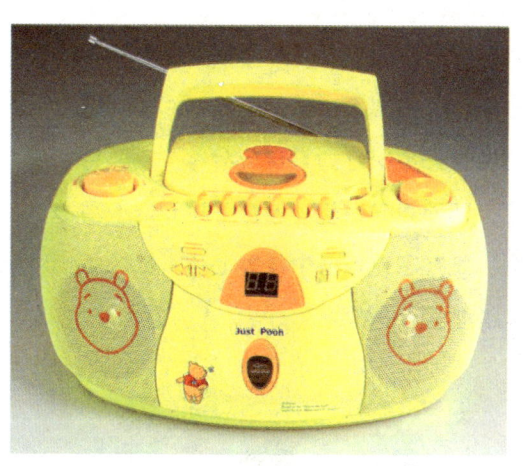

录音机、电视机、录像机，在使用过程中都害怕外界强磁场的影响。

彩色电视机之所以能显像是靠电视机内部的显像管，而磁场会使显像管受到干扰，从而使色彩失真，图像模糊，严重时还会使荧光屏青一块、紫一块，难以消除。

录音机和录像机受到磁场作用的影响，它们的音质和图像会变坏，噪声增大。而且，录音机和录像机都是磁性材料制成的，在外磁场的作用下会发生磁化，使原来带子上录制的信号减弱或消失，影响正常使用。

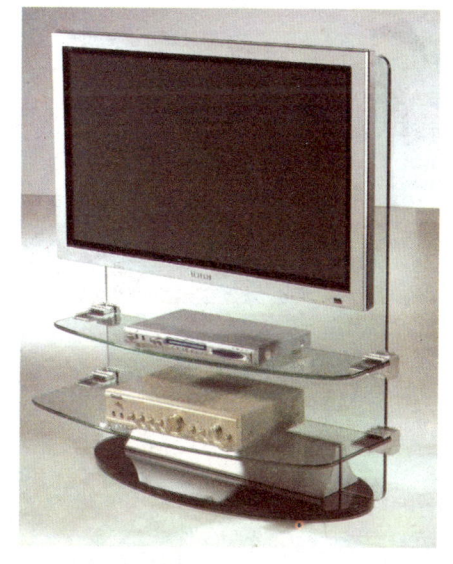

而且，电和磁是相互转换的，任何一台电器都会有电磁波向外界辐射。如果录音机、电视机、录像机放在一起，使用电视机时，电视机就会产生强烈的磁场，这个磁场必然会对录音机和录像机产生作用；

科学奥秘一点通

我最喜爱的第一本百科全书

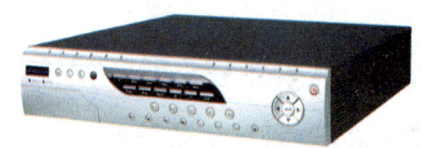

同样，录音机和录像机使用时产生的磁场也势必给电视机带来影响。所以，在使用条件允许的情况下，尽量不要把它们三个摆在一起使用。

回音壁为什么能回音？

　　北京天坛公园里有个回音壁，此回音壁是一个圆形的围墙，建于明代。它高约 6 米，半径 32.5 米，整个墙体都很光滑，是一个很好的声音反射体。只要有人对着墙壁说话，即使声音很轻，但由于声波沿着围墙内壁多次反射，站在围墙根各个位置上的人都能听得清清楚楚，就跟打电话一样。

038

　　北京天坛的回音壁建于（　　）。
　　A 唐代　B 明代　C 清代

答案：B

20 为什么在高山上煮不熟鸡蛋？

任何液体都要达到它的沸点才能沸腾，但是沸点与气压有关：气压大，沸点就高；气压小，沸点就低。在平地时，空气的气压正好是一个大气压，水的沸点就是100℃。在高山上，随着海拔高度的上升，空气越来越稀薄，大气压强逐渐减小，气

压就会低于一个大气压，水的沸点也就随着降低。所以在高山上，水不到100℃时就会沸腾了，即使炉火再旺，水温也不会再升高。科学家计算，海拔每上升1000米，水的沸点大约就降低3℃，所以如果在海拔5000米的高山上，水的沸点不会超过85℃。我国的青藏高原，平均海拔4000米以上，被称为"世界屋脊"。在那里，水的沸点常年都达不到100℃。而世界最高的珠穆朗玛峰是

8848 米，在珠穆朗玛峰上，水的沸点只有 73.5℃。在这样温度的水里，自然是煮不熟鸡蛋的，也不能将饭煮熟。

在高原上如何煮饭？

在高山上，人们用高压锅就可以解决这个问题。高压锅的密封性很好，锅里的水蒸气跑不出去，它们在锅里越积越多时，就增大了锅里的压强，能够达到或者超过一个大气压，所以用它煮饭就和在平地上一样，当然也能把鸡蛋煮熟。

小资料

考考你

海拔每上升 1000 米，水的沸点大约就降低，（　　）。

A 85℃　　B 73.5℃　　C 3℃

答案：C

21 放大镜为什么不能将角放大？

我们拿着一个放大镜看东西，会发现东西被放大了很多。可是，你如果拿着一个放大镜看角，不论你的放大镜怎么放，角都不会被放大。放大镜可以把任何东西放大几倍、几十倍甚至上百倍。显微镜和电子显微镜可以放大几千、几万甚至几亿倍，但它们对角还是无可奈何，这是为什么呢？

科学奥秘一点通

原因有两个：第一，我们知道，角是由两条射线组成的，而且这两条射线的位置是不变的。水平的永远是水平的，倾斜的永远是倾斜的。两条射线之间的张开程度是不变的，所以角的大小也不会有变化；第二，放大镜只能把东西的各部分的比例放大，因此，放大后的东西形状和以前是一样的，我们称为相似形。根据几何学定理，相似的对应角相等，可见放大镜下的角和书面上的角是一样大的，并没有被放大。

042

哈哈镜

哈哈镜一般都是凸面镜或者凹面镜，它成的像都是虚像，而且一般与实物的大小、高低，甚至是形状都不太一样。人站在哈哈镜面前，或是整体都被拉长了，或是身体的某个部位被拉长了。总之，所成的像都很夸张，容易引人发笑。

1. 角是由两条（　　）组成的。
A 直线　B 线段　C 射线
2. 放大镜把物体（　　）。
A 成比例地放大　B 一部分放大
C 一部分缩小

答案：1.C 2.A

22 铅笔芯能变成金钢石吗？

我们平时使用的铅笔的主要成分是石墨。如果有一个方法能把我们的铅笔变成钻石，你相信这是真的吗？这是千真万确的事。事实上我们现代工业上使用的金刚石大部分都是由石墨合成的。为什么软软的铅笔能变成坚硬的金刚石呢？

原来，石墨和金刚石都是由碳元素组成的，只是它们的晶体结构不一样，因此硬度差别很大。石墨在高温高压下就能够变成金刚石，这是由于石墨内部的晶体结构和化学键都发生了变化。石墨分子的碳原子内的化学键，转变成金刚石中碳原子的化学键，使石

科学奥秘一点通

墨的层状晶体结构变成了金刚石的立方和六方晶体结构。石墨内部这种化学结构的变化，导致了它本身性质的变化，最终变成了金刚石。

金刚石

金刚石是在地下深处高温、高压下结晶而成的岩石。毛坯金刚石中仅有 20% 左右可作首饰用途的钻石坯，而大部分只能用于切割、研磨及抛光等工业用途上。

1. 石墨和金刚石都是有（　）元素组成的。

A 碳　B 氧　C 氢

2. 石墨在（　）上的变化，导致了它本身性质的变化，因而变成了金刚石。

A 颜色　B 硬度　C 化学结构

23 粘合剂为什么能 把东西粘在一起？

如果现在告诉你飞机上有些零件是用粘合剂固定的，你会不会感到惊讶，然后再也不敢坐飞机了？其实不用担心，有些东西用粘合剂粘在一起，比用螺丝和焊接的

还稳固呢。

粘接的过程一般是固化现象。从物理作用上说，就是从液态变成固态。在转化的过程中，胶中需要加入其他物质或减少物质。比如，液体的胶水涂在物体的表面，胶水里的水必须蒸发后才能变成固体，这样就可以把需要连接的两个物体固定在一起了。还有一类是化学

科学奥秘一点通

活化剂生成物。环氧树脂是一种工业用胶,它的内部分子链顶端有氧分子,加入硬化剂后,所有的分子链就会连在一起,使它产生粘合性。现代工业用胶大多数都是这一类。

万能胶水

我们通常所说的万能胶水系指建筑装饰和五金维修行业通用的一类溶剂型胶粘剂,因其粘接范围广、使用方便而得名。

胶水里的（　　）蒸发后,就能把两个物体粘在一起了。

A 胶　B 水　C 空气

答案:B

24 冬天为什么脱毛衣会有火花?

冬天里我们脱毛衣，会有噼里啪啦的响声，还会有很多小火花。我们用塑料梳子梳头，头发会随着梳子飘动。这些都是为什么呢?

这是由于摩擦产生了电，因为它不会流动，所以科学家们称它为"静电"。我们知道所有的物质都是由原子组成，原子由带负电荷的电子和带正电荷的质子组成。当两个

不同的物体相互接触时就会使一个物体失去一些电荷，如电子转移到另一个物体使其带正电，而另一个物体得到一些剩余的电子而带负电。若在分离的过程中电

科学奥秘一点通

荷难以中和，它们就会积累起来使物体带上静电。静电就像灰尘一样，随时产生，无处不在。

静电的作用

　　生活中，人们利用静电进行某些生产活动，例如应用静电进行除尘、选矿和复印等；另外，它还会产生一些不利于人的作用。在一些化工、纺织、印刷行业会产生大量的静电，它的电量虽然不大，但电压很高，容易产生火花放电，从而引起火灾、爆炸或电击。

小 资 料

考 考 你

　　1.摩擦产生了电，因为它不会流动，所以科学家们称它为（　　）。

　　A 静电　　B 交流电　　C 直流电

　　2.若在分离的过程中电荷难以（　　），电荷就会积累使物体带上静电。

　　A 变化　　B 转移　　C 中和

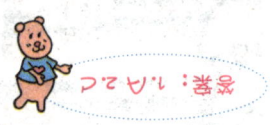

答案：1.A 2.C

25　电线短路为什么会起火？

在电线里，有像水流一样沿着线路流动的电流。当电路短路的时候，在很短的时间内会产生一个很大的电流，这样的大电流通过很细的电线，在一瞬间就会产生很高的温度，把裹在电

线外面的绝缘体烧毁，产生火花。此时，倘若周围有可燃物或者易燃易爆物品，就会引发火灾，甚至爆炸事故。

049

电线发生短路，主要是由于绝缘体损坏所引起来的，导线和用电器在使用了一定的时间之后都会存在一些老化的问题，促使导线以及电器的绝缘体变薄或脱落，引发短路。所以，我们应该及时更新

科学奥秘一点通

电路中老化的导线，淘汰老化的用电器，才能最大限度地保障我们生命、财产的安全。

电线断路和电线短路是一回事吗？

电路某一处断开叫做断路或者开路。电路某一部分的两端直接接通，使这部分的电压变成零，叫做短路。所以两者不是一回事。

小资料

考考你

1. 当电路短路的时候，电路的（　　）瞬间增大。
A 电阻　B 电流　C 电压

2. 电线外面都有一层（　　）。
A 绝缘体　B 铁　C 铜

答案：1.B 2.A

26　电池里为什么有电？

电池之所以有电，是因为在电池里面有化学物质，当这些化学物质发生化学变化时，就会使化学能转变为电能。因为电池的容量是有限的，所以电池里的化学物质也是有限的。

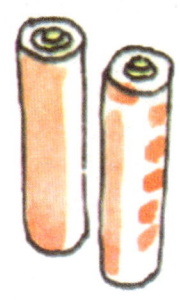

当化学物质用完时，化学能就会用完，所以电池所产生的电能是有限的。但是如果大家注意的话，就会发现电池用完了，放一段时间后又会有电，这是因为电池使用后期，电池内化学物质的吸收能力降低，使电池内阻增加，就像是河流中阻挡水流的石头变大，这样

自然就致使电池内的化学反应速度降低，电池就不能用了。放置一段时间，电池内的化学物质的吸收能力暂时有所转好，电池又能放电了，但是

051

这是短暂的，电池会再次因为内阻增加而不能放电。因此这种放电的现象不会持久，电池很快就会彻底报废。

为什么一颗纽扣电池可供电子表用很长时间？

电子表里的纽扣电池，使用时间的长短与电池的容量、电子表的耗电量有关，一般可用一年以上。

小 资 料

考 考 你

电池所产生的电是（　）。
A 无限的　B 有限的　C 几乎没有的

答案：B

27　电是怎样输送到千家万户的？

回到家里，打开电视，我们可以欣赏好看的电视节目；打开冰箱，我们可以喝到冰爽的饮料。还有许多家用电器都给我们的生活带来了极大的便利，而这一切的

便利全部得益于电的作用。

电是很重要的能源，能发光、发热，作为动力广泛地应用在生产和生活的各个方面。经济的发展、人们的生活一刻也离不开它。电是人类文明的使者。

可是，电是从哪里来的呢？是发电厂负责电的产生和发送。在电厂里，有一排排巨大的好像大轮子一样的涡轮机，它的转动带动发电机产生电。然后，发电厂通过高压输电线路，穿越千山万水，把电送

到每一个变电所。经过变电所的转换，电流到了工厂、学校、家庭、商店和各个住宅小区，照亮千家万户。

电能可以从哪些地方获得？

电能的来源比较广泛，自然界中的风、水、太阳光、火都能发电。目前我们主要使用的还是水发的电。但是还有一种重要的发电形势——核电站越来越受到人们的重视，因为它能使用很少量的核物质发出大量的电能。

（　）是很重要的能源，能发光、发热，作为动力广泛用在生产和生活的各个方面。

A 电　　B 煤　　C 石油

答案：A

28　秘密墨水是怎么回事？

列宁被关在狱中时，曾用牛奶给外面的革命友人写信。这种一般人肉眼看不见、摸不着的字必须经过轻微加热、烘烤使之碳化后，才能看到写的内容。所以说，牛奶就是早期秘密墨水的一种。很早以前，古希腊人就发现用胡桃、栗子等坚果可以制造秘密墨水，早期的

秘密墨水除了牛奶，还有柠檬汁、生物体血液等天然有机物。

随着科技的发展，人们把化学液体用到间谍工作中。在二战期间，德国的间谍训练专门有一项就是如何掌握秘密药水的技巧。在作战期间，如果只会用化学药水，会很不方便，所以他们学会了用

科学奥秘一点通

阿斯匹林、轻泻剂、酚酞、香烟灰和甘油等常用的物品作为秘密墨水。

墨水是石墨加水吗？

当然不是这样简单了。墨水的主要原料为可溶性的蓝色染料，加阿拉伯胶及防腐剂。但由于可溶性的蓝色染料，日久易褪色，为此，墨水中应加入一些化学物质。这些物质与空气接触时被氧化，而生成黑色或蓝黑色的高级络合物沉淀，使墨水颜色持久。

考考你

1. 列宁用牛奶写信，必须经过（　　）才能看到上面的字。

A 加水煮开　B 泡在水里　C 轻微烘烤

2. 德国人用烟灰（　　）秘密墨水。

A 恢复　B 作为　C 不能作为

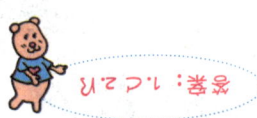

答案：1. C 2. B

29 怎样利用遥感技术探矿？

遥感技术是一种新兴的探测技术，它可以从高空感知地下和海底的宝藏。探矿用的遥感技术，现在有四种：可见光、红外线、微波和多波段。

可见光遥感就是用特种照相机，在高空对地面一张张连续拍照，然后把大量的照片拼起来，就是一张地球的全身照片。人们不必再翻山越岭进行实地勘测，而只要根据相片和少量的地面实况就能绘制出一套地形、地质、水文图，不仅效率高，而且质量好。

科学奥秘一点通

可见光遥感的弱点是到了夜晚就无法工作。因此，人们制成了能在漆黑的夜晚应用的红外线遥感设备，它可以探测沉睡在地下的各种矿藏。

红外遥感虽然不怕黑夜，可是对阴天有雾的天气无能为力，于是人们发明了能穿云透雾的微波遥感。微波遥感的种类很多，侧视雷达就是其中的一种。侧视雷达靠它的天线先发出的无线电波，然后接收地面物体不同的反射波。它能破云雾、透森林，弄清地表结构和矿产资源。

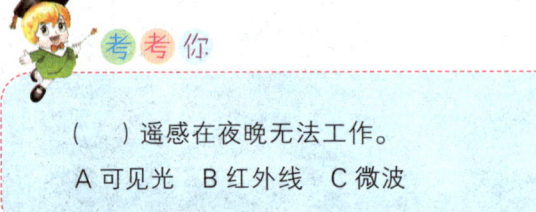

雷　达

雷达是利用无线电波来测定物体位置的无线电设备，它的发明是受到蝙蝠的启示而成的。可以说，雷达就是飞行物的眼睛。

小资料

考考你

（　　）遥感在夜晚无法工作。
A 可见光　B 红外线　C 微波

答案：A

30 煤为什么被称为黑色金子？

煤是古代植物深埋地下，在一定的温度和压力的条件下，经历漫长的时代和复杂的化学变化而形成的。它是一种可以燃烧的含有机质的岩石。

煤的种类很多，按煤的含碳量分为泥炭、褐煤、烟煤和无烟煤四大类，一般居民使用的是无烟煤。乌黑而平凡的煤，经过化学加工，可生产出煤气、煤焦油、化肥、农药、合成

科学奥秘一点通

染料、塑料、糖精、医药品和合成橡胶等产品。因为煤的蕴藏因地理的不同而不同，有些国家含有丰富的煤炭资源，有些国家煤炭资源却很贫乏。所以，煤被人们称为黑色金子。

煤炭资源的分布情况

世界煤炭地层分布很不平衡，大多集中在温带和亚寒带，其中北半球一条分布带是从英国奔宁山麓向东横越法国、德国、波兰、俄罗斯，直到我国的华北和东北；另一条则横亘于北美中部。在南半球，煤田仅分布于澳大利亚和南非的温带地区。近几年，地质学家又在南极大陆发现了世界上最大的煤矿，估计蕴藏量要比其他地方的煤储量总和还要多几倍。

小资料

考考你

1.（　）被称为黑色的金子。

A 煤　B 石油　C 天然气

2. 近几年，地质学家又在（　）发现了世界上最大的煤矿，估计蕴藏量要比其他地方的煤储量总和还要多几倍。

A 北极　B 南极大陆　C 非洲

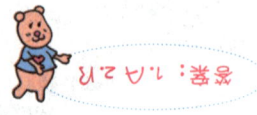

答案：1.A 2.B

31 石油为什么被称为现代工业的血液？

石油是一种以碳氢化合物为主的油状粘稠液体。它是一种矿物燃料，素有"工业血液"之称。

石油不仅是当今社会基本的动力燃料来源，更是一种基础的工业原料。它的形态很多，既有非常轻的油，也有又稠又黑的沥青。不同形态的石油在炼油厂里经过加工处理后，可以生产出煤油、汽油、柴油以及各种化学产品。据统计，用石油为原料制造的化工产

科学奥秘一点通

品，达 5000 多种。

　　不仅如此，我们日常生活中有些食品、化妆品等等也有用石油作原料的。可以说，石油已经不止是工业的血液了，它被广泛地运用到了生活的各个方面。

石油是怎么形成的？

　　石油一般生成在古代的沉积盆地或浅海和湖泊中。这些沉积盆地在漫长的地质年代中，堆积了几百至几千米厚的沉积物，其中有许多动物和植物的遗体。这些生物有机物质经过几百万年的地质变化及一系列的物理化学变化，逐渐转变为无数细小的油珠。这些油珠就是石油。

　　（　　）是一种矿物燃料，素有"工业血液"之称。

　　A 石油　B 煤　C 天然气

答案：A

32　什么是可视电话？

　　可视电话，简单地说就是我们在接听电话的时候，通话双方不仅能够听到彼此的声音，而且能够看到彼此形象的现代化通讯仪器。

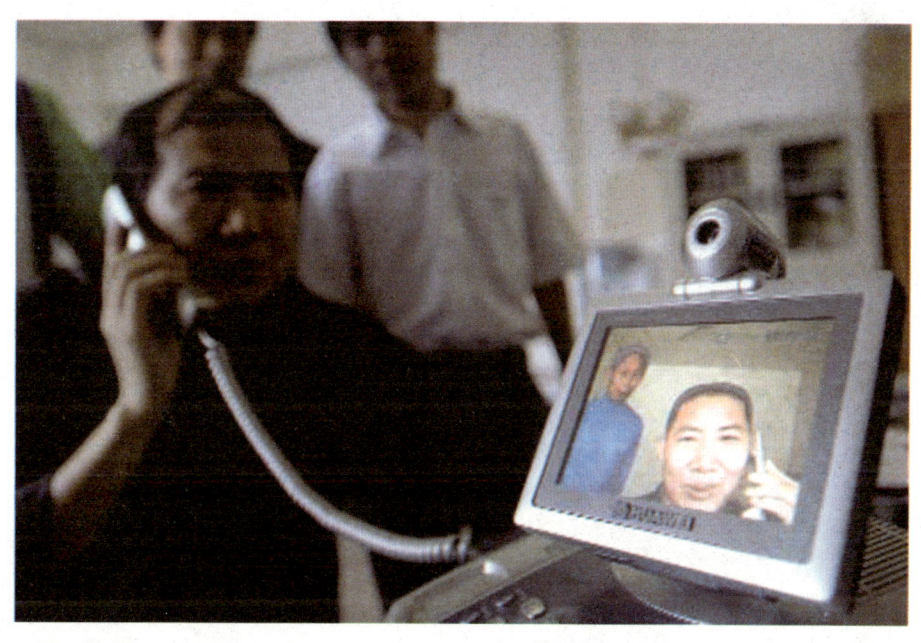

　　可视电话一般由三部分组成：电话机、电视摄像机和屏幕显示器。电话接通后，电视摄像机便开始工作，摄取通话人的形象传给对方，屏幕显示器便出现了对方的图像。

　　实际上，我们现在所使用的可视电话多指慢扫描可视电话，一般每隔半分钟传送一幅画面，电视信号的频率也只是电视广播的千分之一。慢扫描可视电话可以用音频载波，传送图像恰好适用于普通电话的频率范围。所以，使用三条普通电话线就可以实现远距离传输可视电话了。

可视电话的用途

慢扫描可视电话占用的线路少，使用十分经济、方便，所以在我国主要用于电话会议，既可闻声、见人，又可以形象直观地展示图表、文件、实物等。在西方发达国家，可视电话还广泛应用在家庭图像通信，成为现代家庭常用设备之一。

考考你

可视电话既听到彼此声音，又能看到彼此（ ）。

A 形象　B 森林　C 网络

答案：A

33 金属也会感到疲劳吗？

人因为体力不支会感到非常疲劳，这是很正常的现象。可是，有人说金属也会感到疲劳，你相信吗？

是的，金属的确会感到"疲劳"！这是因为金属内部结构并不均匀，从而造成应力传递的不平衡，有的地方会成为应力集中区。与此同时，金属内部的缺陷处还存在许多微小的裂纹。在力的持续作用下，裂纹会越来越大，材料中能够传递应力的部分越来越少，直至剩余部分不能继续传递负载

时，金属构件就会全部毁坏。

金属疲劳分别会产生"腐蚀疲劳"、"擦伤疲劳"、"热疲劳"、"噪声疲劳"等现象。现

科学奥秘一点通

在可以用冲击、腐蚀、高温、低温等多种方法对金属进行疲劳测验，利用显微镜可以掌握各种环境下金属疲劳的程度，以达到预防事故的目的。

显微镜

显微镜可以说是一种放大镜，用它可以观察到植物的细胞。显微镜分为光学显微镜和电子显微镜。

考考你

1. 金属的确会感到"（　　）"。

A 兴奋　B 疲劳　C 难过

2. 利用（　　）可以掌握各种环境下金属疲劳的程度，以达到预防事故的目的。

A 显微镜　B 放大镜　C X 光

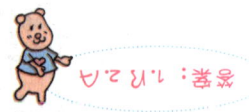

答案：1.B 2.A

34 为什么钢筋混凝土楼板在运输或施工过程中不可倒放？

钢筋混凝土楼板是房屋建设中不可或缺的构建，它由钢筋和混凝土两种不同性质的材料组成。混凝土的抗压能力较强，但抗拉能力却很弱。钢筋的抗拉和抗压能力都很强。把它们结合在一起，使钢筋承受拉力，混凝土承受压力，从而使得建筑物更加坚固。

由于楼板的自重和承重，使楼板发生弯曲，楼板上部成为受压区，下部成为受拉区。在制作混凝土楼板时，就将钢筋放在受拉区内，这样便能充分利用两种不同材料的特长，可以大大地节省钢材和水泥。如果

科学奥秘一点通

在运输或施工中不注意，将楼板翻过来，就会使没有钢筋的受压区变成受拉区，稍有一些重量，便会使楼板折断。因此，钢筋混凝土预制楼板在运输或施工中绝对不可以反向倒放。

最早的水泥

水泥是现在房屋建造的主要材料。在古时候，根本没有水泥，人们就用黏土加上草建房子。3600 年前，古埃及人用熟石膏加河砂和水制成石膏砂浆建造金字塔。我们还知道的万里长城是用石灰、砂、黏土制成石灰混凝土建造而成的。

（　）的抗压能力较强，但抗拉能力却很弱。

A 钢筋　B 混凝土　C 石灰

答案：B

35　纸能建造房屋吗？

用纸建造房屋，听起来是不是不可能呢？但是，纸确实可以做房子哟！

20世纪70年代以后，国外出现了用纸建造的房屋。这种用来建造房屋的纸是一类新型的合成纸，然后再经过特殊处理，把合成纸制成波纹状或夹层式纸板，外面涂上合成树脂和玻璃纤维，使其强度

大大超过同样厚度的木板，而且这种纸还能耐受高温、虫蛀和水浸。

用纸做的房屋还有一些优点：如果在空心的纸夹板外涂上聚氨酯涂层后，再做成墙壁，其保温隔热性比砖墙还好；如在合成纸中加入芳香族聚酰胺，不但重量轻，而且绝缘性极好，熔点也高达400摄氏度

以上；如在纸板用料中加入硫，既能增加强度，也能提高防水性能。

生态住宅

室内一旦人数增多，二氧化碳含量上升，空气浑浊，传感器会自动"通知"排风窗开窗户通风；大楼中庭屋顶的巨大透明玻璃天窗根据阳光强度自动开关，任意变换开启角度，尽量把阳光均匀地分散到各个角落；外墙穿上4种外墙保温体系"保暖内衣"，楼内四季如春。哇！小朋友，住进这样的生态住宅真棒呀！

小资料

考考你

20世纪70年代以后，国外出现了用（　）建造的房屋。

A 纸　B 砖　C 水

答案：A

36 为什么雨天电话容易串音?

在雨天，周围空气潮湿，电缆内的棉纱、接口处的绝缘胶带受潮发霉，使得绝缘性能降低，严重时绝缘胶带不能隔绝导线间的电流，出现漏电。用户通话时，有一部分电流就会窜入其他线路，造成串音。另外，地下电缆也会受到雨水潮气的影响，发生漏电，而架空电缆缠绕上风筝、鸟巢后，也会使绝缘层破损，造成

科学奥秘一点通

串音现象。

　　不仅是在雨天，有时候使用移动电话时我们会感到：移动电话的声音没有普通电话清晰，那是因为移动电话很容易受大气中的电闪雷鸣、工业设备和家用电器上迸爆的电火花等的影响。它们都能产生频率范围极宽的电磁波，其频率一旦与移动电话接收频率吻合，就会对移动电话产生干扰。

为什么在加油站最好不要打移动电话？

　　当移动电话在接通的一瞬间，可能会产生电火花。当外部环境处于危险状态（如空气中粉尘、可燃性气体等浓度达到一定标准的时候）的时候，就有可能引起火灾甚至爆炸。　油站不可能做到绝对的密封汽油，多多少少会有汽油泄漏，飘浮在空气中，当汽油气浓度达到一定标准后就能引起爆炸，造成灾难。

　　用户通话时，有一部分电流就会窜入其他线路，造成（　　）。

　　A 串音　B 短路　C 停机

答案：A

37 光碟为什么使用得越来越广泛？

光碟也叫光盘，别看它直径仅为12厘米、厚度只有1.2毫米，却是一种科技含量很高的产品。

光盘的最大特点是存储量大、价格低、寿命长和可靠性。光盘的存取速度非常高，并具有随机存取的功能，只要用0.5秒时间，就可以从一张存储几万幅图像的光盘中检索出任何一幅图像。

光盘价格很低，一张光盘的制作成本只有两三角钱，复制起来也很容易，在电脑里进行复制，几分

科学奥秘一点通

钟时间就可以复制下几百本书的内容。另外，光盘的规格是统一的，不用考虑或担心配套问题。

综合这几点，光盘的使用越来越广泛、普遍。

光盘是怎样记录声音、图像的？

把经过处理后的激光射到光盘的薄膜上，激光就和薄膜上的记录材料相互作用，发生物理和化学变化，形成记录点。这些记录点，就像我们写下的字，通过播放机，就可以把光盘上的信息读出来。这样，我们就可以从屏幕上看到真实清晰的画面，听到光盘录制的多种声音了。

小资料

考考你

经过处理后的激光射到光盘的薄膜上，激光就和薄膜上的记录材料相互作用，发生物理和化学变化，形成（ ）。

A 光点 B 记录点 C 刻录点

答案：B

38 为什么复印机能 复印图画文字？

　　复印机是根据静电正、负电荷互相吸引的原理制成的。复印可分直接复印和间接复印两种。直接复印时，先让复印纸按图案文字颜色深浅，分别带上相应静电荷，深处电荷密，浅处电荷稀，形成一张与图文颜色深浅相对应的静电图像。然后，让带有异性电荷的墨粉直接被静电图像吸引，深的地方吸引的墨粉多，浅的地方墨粉少，再通过热压，将墨粉粘附在复印纸上，一份复印件就出来了。

　　还有一种更加方便的间接复印法，是在由硒材料制成的"硒鼓"上，先形成静电图像，

科学奥秘一点通

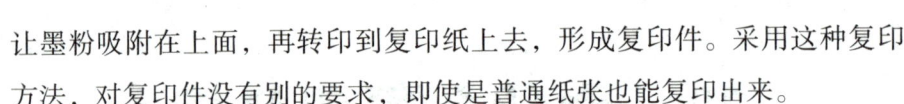

让墨粉吸附在上面，再转印到复印纸上去，形成复印件。采用这种复印方法，对复印件没有别的要求，即使是普通纸张也能复印出来。

使用复印机对人体有害吗？

使用复印机对人体是有害的，因为复印机在使用中排出的臭氧具有强烈的氧化性能，人吸入后，会产生神经中毒、呼吸器官疾病，使视力下降，记忆力衰退等症状。所以，装有复印机的房间要注意通风。

1. 复印机是根据（　）正、负电荷互相吸引的原理制成的。

　　A 静电　B 高压　C 电子

2. （　），是在由硒材料制成的"硒鼓"上，先形成静电图像，让墨粉吸附在上面，再转印到复印纸上去，形成复印件。

　　A 直接复印法　B 间接复印法

　　C 典型复印法

答案：1.A 2.B

39　为什么空调能制冷？

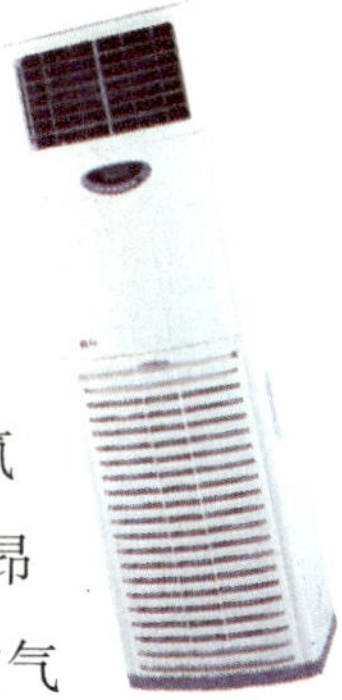

　　随着人们生活水平的提高，各种家用电器已经走进我们的家门，空调也早已成为家庭必备的家用电器。那么，空调是如何制冷的呢？

　　其实，它是应用有关气体液体相互转变过程中的能量变化原理来进行工作的。以前的空调器中使用的大多是氟利昂，现在使用的是氟利昂的替代物。当空调器中的氟利昂液体在蒸发器中蒸发时吸收空气中的热量，也就是使热空气

科学奥秘一点通

变冷了。由于室内热空气是在空调器中的离心式风扇作用下通过蒸发器的，所以蒸发器就不断地流入热空气，又不断地放出"冷气"。

氟利昂是怎样工作的？

这主要是由空调器压缩机来完成。压缩机将蒸发器流出的低压氟利昂气体压缩成高温高压的气体，这种气体再经过冷凝器降温，就逐步冷凝成高压液体，冷凝器中热量由轴流式风扇排出室外，高压液体再流经降压节流毛细管，变成低压液体后又流入蒸发器，就完成了一个工作循环。

小资料

考考你

空调是应用有关气体液体相互转变过程中的
（　　）原理来进行工作的。
A 质量变化　B 物质变化
C 能量变化

答案：C

40　时钟是怎样来的？

　　意大利著名的科学家伽利略有一次到教堂做礼拜，他注意到：吊灯一来一回摆动所需要的时间是一样的。他将灯的摆动与自己脉搏的跳动做了比较，发现摆动的周期同振幅并没有关系，用现代语言来说就是具有等时性。

　　发现了这一规律之后，伽利略很快就决定应用它。在此后无数次的实验中，他都利用摆的等时性来测量时间和运动，并试图利用这一特性来设计短时间速度不变的齿轮驱动装置。然而，直到晚年的时候，他仍然仅仅是做了设计图，并没有制造出钟表。直到伽利略逝世以后，荷兰物理学家惠更斯才根据伽利略的理论，制造出了带钟摆的时钟。

科学奥秘一点通

中国古老的计时器——圭表

圭表由"表"发展而来，它是根据正午时表影长度变化定节气、定年长的仪器。表是一根直立于平地上测日影的竿子或石柱（汉以后改为铜制）；圭则是测定表所投下日影长度的刻板；圭南北方向平放，与表相互垂直，合称为圭表。

小资料

考考你

荷兰物理学家（　）根据伽利略的理论，制造出了带钟摆的时钟。

A 惠更斯　B 惠特曼　C 查金斯

答案：A

41 电子表为什么比机械表走时更准？

手表走时的准确性，关键在于机芯中振荡元件的振荡频率的稳定性。而振荡频率的稳定性，又与振荡频率的高低有关系。振荡频率越高，单位时间里误差就越小，走时也就更加准确。电子手表比机械快摆手表的振荡频率高了近 1 万倍。

科学奥秘一点通

如果说机械快摆手表的误差是几分之一秒来计算的话，那么电子手表的误差是用几万分之一秒来计算的。比如一般的石英电子手表的走时误差是一年约 30 秒钟，超高频石英电子手表的走时年误差不超过 3 秒，而大多数机械手表的走时误差每星期就要达十几秒以至几十秒。

电子表为什么不用上发条?

因为电子手表是使用小型纽扣高能电池，不需要每天上发条，好的电池能连续使用 3-5 年，这一点也符合生活快节奏的现代人的需求。所以，电子表很受现代人的喜欢。

小资料

考考你

1.超高频石英电子手表的走时年误差不超过（　　）秒。

A 5　B 3　C 1

2.电子手表比机械快摆手表的振荡频率高了近（　　）倍。

A 1万　B 2万　C 3万

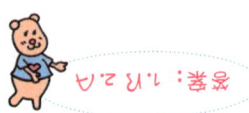

答案：1.B 2.A

42 世界上最早的听诊器是怎样发明的？

200多年前，法国有一位名叫雷奈·利奈克斯的青年医生正在为挽救一个心脏病患者伤透脑筋，因为这个妇女很胖，当时又没有听诊器，根本听不清心脏的跳动情况。

一天，这位医生在公园里看见两个孩子在玩传声游戏而从中受到了启发。他想为什么几米长的木头会把声音清晰地传过来呢？整天

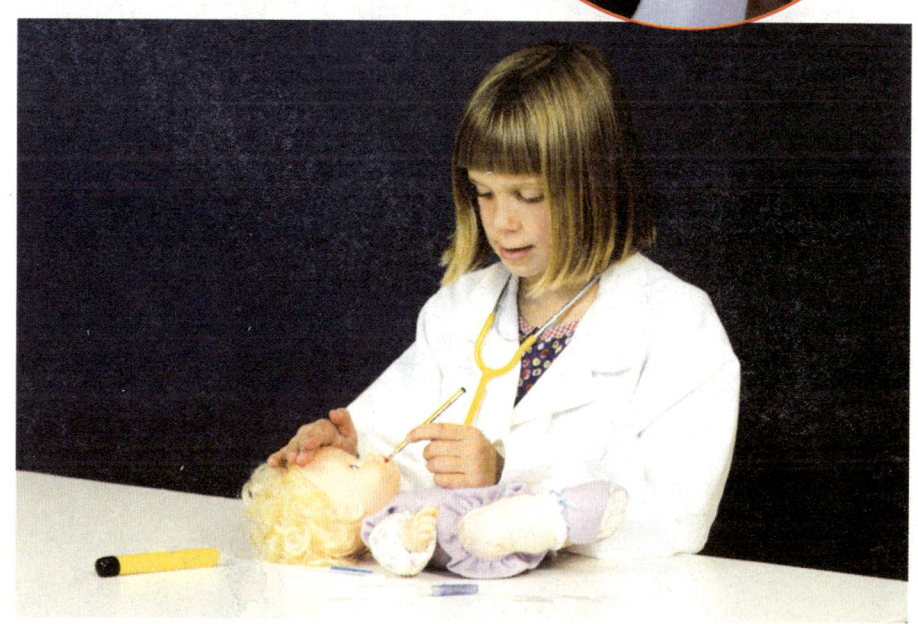

为"听不见"而苦恼的利奈克斯成功地进行了一次创造性的思维。后来，利奈克斯在一根细长的用洋杉木制成的空心直管的两端各安一个喇叭形的听筒，一头贴在病人的胸部，另一头贴在自己的耳朵里。经过反复试验，他终于听到了病人心脏跳动的声音。利奈克斯高兴极了，把它称为"胸部检查器"——这就是世界上最早的听诊器。

医生为什么要使用听诊器?

听诊器的作用可大了，它可以帮助医生听到心脏跳动的声音和肺部的杂音。要是把听诊器放在肚子上，还可以听到肠子"咕噜咕噜"的响声。这些声音的变化，可以帮助医生判断病人患的是什么病和病情是轻还是重。此外，医生给病人量血压时也会用听诊器。

世界上最早的听诊器是由法国一位名叫（　　）的医生发明的。

A 雷奈·利奈克斯　　B 卡尔·丹尼斯

C 约翰

答案：A

43　圆珠笔是谁发明的？

人类的进步离不开科学的研究，人们总是在探索，在发明，以此获得更快的发展和进步。

在华特曼发明自来水笔4年后的1888年，美国的劳比提出一种完全不同于自来水笔的新式笔，就是在笔尖上装一个圆珠，书写时随着圆珠的滚动而把墨水留在纸上的笔，这就是我们通常所说的"圆珠笔"。由于技术问题，劳

比的发明没有成功。

1943年，匈牙利一个印刷厂的校对员名叫拉兹罗·约瑟夫·比克，他发现机器上刚印好的清样含水分多，用自来水笔改正，会发生浸润模糊的现象。为了克服这种现象，他便经常琢磨使用各种办法来进行改进。比克找来一根圆管，装上液

科学奥秘一点通

质颜料，把笔尖改成钢珠，使这种笔书写流畅，从而制成了世界上的第一支圆珠笔。

什么是"原子笔"？

圆珠笔被发明不久后，美国一个名叫雷诺的商人对圆珠笔一边从外型上进行加工改进，一边又大肆进行宣传。第二次世界大战的末期，雷诺的宣传广告几乎遍及了世界五大洲，恰好就在这个时候，原子弹在美国制造成功了，雷诺为了耸人听闻，招揽顾客，便将"原子"之名加在圆珠笔上，命名圆珠笔为"原子笔"。

考考你

1943 年，匈牙利一个印刷厂的校对员名叫拉兹罗·约瑟夫·比克发明了（　　）。

A 打印机　B 复印机　C 圆珠笔

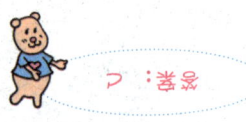

答案：C

44 变压器是怎么改变电压的？

大人总告诫小孩不要靠近高压线，因为那里面流着几万伏特的电流，这和我们家里的电压相差很大，是怎么回事呢？

发电厂发出的电，必须先用变压器把电压升高到几万伏特或者几十万伏特的超高电压，然后经输电线输送到用电的地方，再通过变压器把高电压降低到适合家用电器等使用的 220 伏特。在整个输电过程中，变压器就像魔术师一样，把电压一会儿变高，一会儿又变低。变

压器一般有两个绕在同一个闭合式铁芯上的独立线圈。铁芯是用硅钢片一片片叠成的，与发电厂输出电路相接的一个线圈叫做初级线圈，另一个叫次级线圈。初级线圈和次级线圈数量的不同使电压能够实现高低变化。

鸟儿站在电线上为什么不会触电？

其实，鸟儿并没有什么特殊本领，只是因为它们都停在一根电线上。鸟儿的身体只接触一根电线，没有形成电路。没有电路，也就没有电流，电压再高，也不会触电的。

小资料

考考你

发电厂发出的电，必须先用（　）把电压升高到几万伏特或者几十万伏特的超高电压，然后经输电线输送到用电的地方，再通过它把高电压降低到适合家用电器等使用的 220 伏特。

A 变压器　B 电压器　C 不知道

答案：A

45 爱迪生的第一项专利是什么？

21 岁时，爱迪生在美国波士顿公司当报务员。他在抄录新闻电稿时，发现议会每通过一项决议案总要唱票、点票、反复核对，会浪费大量时间。于是，他利用业余时间反复研究、试验，终于发明了投票记录机。

1867 年冬，爱迪生向美国专利局递交了专利申请。第二年 10 月的一天，他怀着惴惴不安的心情拆开了专利局的回信。信上说，他的专利申请经

科学奥秘一点通

审查合格，准予登记，登记号为 90646，登记日期是 1868 年 10 月 11 日。这就是爱迪生所获得的第一项专利。

爱迪生为什么被誉为"发明大王"？

爱迪生是美国著名的科学家，在他漫长的发明生涯中，先后试制出电灯、电影、留声机等数以千计适用于人民大众需要的新产品。在他的一生中，共获得了1180项专利，因而被誉为"发明大王"。

爱迪生的第一项专利是（　）。
A 电灯泡　B 投票记录机　C 点钞机

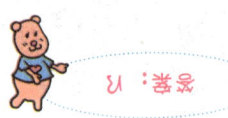

答案：B

46　合金也有记忆吗？

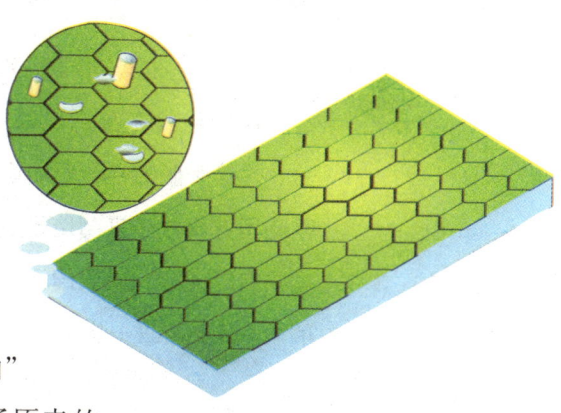

20世纪70年代末的一次国际学术会议上，一位冶金学家正在表演精彩的"魔术"：他把一根笔直的金属丝盘圈起来，然后点燃打火机，对着金属丝一烤，只听"啪"的一声，那金属丝就恢复了原来的

形状。与会学者莫不感到惊奇万分。只听那位表演"魔术"的冶金学家不慌不忙地说："这种现象叫做形状记忆效应，具有这种特性的合金叫做形状记忆合金。"

原来，这种材料在一个特定的温度区间内存在着一种特殊的内部结构变化。在材料冷却到某一温度以下时，它是一种不稳定的晶体结构，这时对它施加外力可以发生各种各样的塑

科学奥秘一点通

性变形。一旦除去外力，而温度又上升到特定区域后，那不稳定的晶体结构就会变为稳定的结构，从而使材料恢复到原来的形状。

记忆合金有什么用途?

人们利用形状记忆效应制造出自动灭火器、人工心脏部件、自动紧固的铆钉等。特别是利用这种效应来制造新型的发动机，将是一项具有广阔应用前景的课题。而且，记忆合金的用途还有待进一步拓展。

小资料

考考你

事实证明，合金也有（　　）。

A 记忆　B 智慧　C 语言

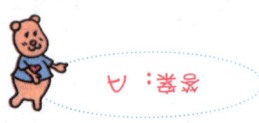

答案：A

47 什么是纳米材料?

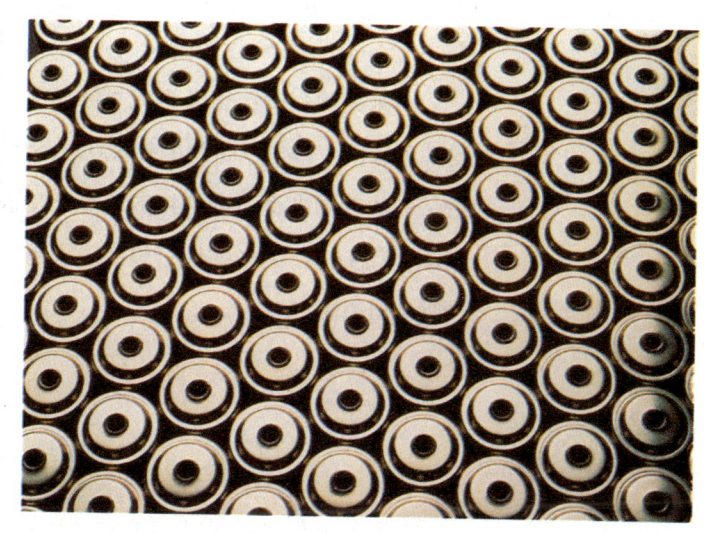

纳米是一种微观世界的量度单位，它非常小，10 万纳米加起来的长度才相当于头发丝的直径，所以人眼是看不见它的。纳米材料的用途很广泛，它可以制成包括金属、非金属、有机、无机和生物等多种粉末材料。其纳米颗粒的大小不等，通常是 1 ～ 10 纳米，最多不能超过 100 纳米。这种结构使得纳米材料在强度、断裂韧性、导电、导热等性质方面与常规材料很不

科学奥秘一点通

一样。我们利用这些纳米材料的特性可以制作出以前做不到的东西。从某种意义上说，只要控制结构颗粒的大小，就能造出强度、颜色和可塑性都能满足用户要求的纳米材料。

纳米材料的特性

纳米铜的强度比普通铜高5倍；纳米陶瓷是摔不破的；纳米铁材料的韧性比一般铁高12倍；气体在纳米材料中的扩散速度比在普通材料中快几千倍，纳米磁性材料的磁性也比普通的磁性材料高10倍。

1. 纳米是表示（　　）的单位。

A 重量　B 面积　C 量度

2. 气体在纳米材料的扩散速度比在普通材料

中（　　）几千倍。

A 快　B 慢　C 一样

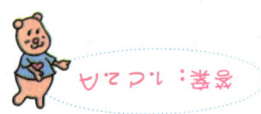

48　克隆人是被允许的吗？

意大利著名的胚胎学专家塞韦里诺·安蒂诺在罗马拥有一家自己的诊所。他曾在 1994 年成功地让一名 62 岁的老妇怀孕并产下一名婴儿，此事曾在医学界引起强烈的轰动和争议。后来他又声称要研制克隆人，但这一计划遭到社会各界的谴责。

因为克隆人在社会道德上引发了一系列的问题，比如克隆人与被克隆人之间的关系的确定就是一个很大

科学奥秘一点通

的伦理问题。还有，从生理上考虑，克隆人会不会存在很大的生理缺陷都是未知的问题。所以从这两方面来说，克隆人是不被允许的。

克隆人的方法

提取丈夫的体细胞和妻子的卵细胞，然后将两个细胞的细胞核取出，把体细胞核植入没有卵细胞核的卵细胞中，通过电流激活这个组合细胞，使其分裂发育，最终长大成为克隆人。这只是理论上的方法，没有具体实践证实。

1. 意大利胚胎学专家安蒂诺曾在 1994 年，成功地让（　）岁的老妇人产下婴儿。

A 46　B 54　C 62

2. 研制克隆人是（　）的。

A 不被允许　B 被允许　C 文中没说

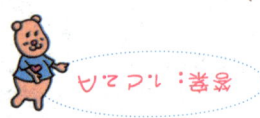

答案：1.C 2.A

49 汽车是如何发明的?

汽车是一种能自行驱动的无轨车辆,原称自动车,后来因为装有汽油机,就简称为汽车,并沿用至今。它的发展经历了一个渐变的过程。

第一部不用马拉的木制三轮车长 7.2 米、宽 2.3 米。在前轮前面特制的架子上悬吊着一个 0.05 立方米的大锅炉,产生的蒸汽送往前轮上方左右垂直悬挂的汽缸内,带动两个活塞使前轮转动。车子开动时,浓烟和蒸汽同时向上蒸腾,十分壮观,它是历史上第一部"自动车",也是世界上最早的蒸汽汽车,意

科学奥秘一点通

义非凡。

1826 年，勃朗在英国成功制造出世界上第一辆真正的内燃引擎汽车。这辆汽车是两汽缸式，性能很好，不仅能在平坦的大道上奔驰，而且还能翻越陡坡。

1885 年，德国人卡尔·本茨经过多年的反复试验，终于成功地将单缸发动机装到三轮车上，发动机每秒转动 400 次，能产生 0.89 马力，时速为 13 ～ 16 公里，这是世界上最早的使用汽油的汽车，本茨也因此被称为"汽车之父"。

内燃引擎

利用汽油产生动力，驱动引擎运转后带动汽车快速行驶的装置叫内燃引擎。咱们现在的车辆基本上都是采用的这种内燃引擎。

1. 1826 年，勃朗在（　　）制造了第一辆真正的内燃引擎汽车。

　　A 美国　B 英国　C 德国

2. 1885 年，德国人卡尔·本茨成功地制造出世界上最早使用汽油的汽车，被称为（　　）。

　　A 汽车之父　B 汽车之子　C 汽车之王

答案：1.B 2.A

50 为什么跑车比普通汽车跑得快？

　　跑车比普通汽车的速度快很多，这是因为跑车作为一种特殊类型的轿车，是由它所具有的两个特性决定的。

　　一是速度快。跑车的发动机功率高，车子启动快，在制动性、操纵性和安全性上较之普通轿车要求更严格。二是时尚性。跑车多采用流线型车体，外形设计先进美观，既具有很强的时代感和观赏价值，又可以减少空

科学奥秘一点通

气阻力。

跑车的特殊性决定了它在设计理念与制造技术上要不断创新与进步，汽车厂家往往通过制造跑车来显示他们的实力与水平，以求赢得竞争。跑车是轿车中的精品，领导着轿车未来的发展方向。

第一辆汽车是什么样子的？

1885年德国工程师卡尔·本茨在曼海姆制成了第一辆汽车。该车为三轮，采用一台两冲程单缸661.5的汽油机，具备现代汽车的基本特点，如火花点火、水冷循环、钢管车架、钢板弹簧悬架、后轮驱动、前轮转向等。人们一般将卡尔·本茨制成第一辆三轮汽车的1885年视为汽车诞生之年。

小 资 料

考考你

1. 跑车作为一种特殊类型的轿车，具有（　）和时尚性两个特性。

A 性能好　B 抗震强　C 速度快

2. 1885年德国工程师（　）在曼海姆制成了第一辆汽车。

A 丰田　B 卡尔·本茨　C 法拉利

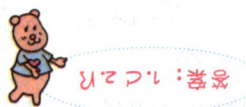
答案：1.C 2.B

51 为什么汽车在冬天有时会很难发动？

汽车在启动的时候，都需要一个发动机预热的过程。而在冬天，我们发现汽车有的时候很难发动，这是什么原因呢？

汽车的各个机械部分是通过润滑油来润滑的，而润滑油也有热胀冷缩的特性。冬天来临，润滑油遇冷凝结，润滑效果大大下降，使汽车发动机在启动时，难以达到启动所需的转速，这就导致了汽车难以发动。

101

由于冬天温度低，作为发动机燃料的汽油，其蒸发性也变差，气管内的气体流速减慢，造成混合气达不到可点燃的浓度，这就导致了发动机不

科学奥秘一点通

能正常运转，汽车自然无法发动。

另外，也有可能是作为汽车供电设备的蓄电池，其中的电解液由于天气寒冷而黏度变大，电阻随之增大，电流不足、电压下降，使发动机得不到所需的输出功率，也造成了汽车的启动困难。

为什么汽车爬坡时开得很慢？

这是个力学问题。地球对周围物体产生着一种很大的吸引力，汽车爬坡时要受到这个地球的吸引力，上坡的时候就好像有一个很重的东西向下拉着一样，所以汽车比在平地上行驶需要花更多的力气才能前进，因此就开得慢。

小资料

考考你

汽车在冬天有时会很难发动，可能是由于润滑油、发动机或（　　）的原因。

A 轮胎　B 蓄电池　C 方向盘

答案：B

52 为什么汽车轮胎上有凹凸不平的花纹？

如果你细心观察一下就会发现，汽车的轮胎并不是光滑的，它的表面有许多凹凸不平的花纹呢！

原来，汽车轮胎表面上花纹的作用，是为了增加车轮与地面间的摩擦力，防止车轮在路面打滑。起初，轮胎的花纹仅仅是直线型的楞花，非常简单。后来，随着车辆载重量和行驶速度的日益提高以及路面的改进，轮胎花纹逐渐多样、复杂起来。

现在，车轮花纹习惯上分为通用、高越野性和联合式三大类，几何形状大体有纵向直线、横向直线、斜线、块形、混合式等五种。通

科学奥秘一点通

用花纹，是使用最早最普通的一种，如常见的公共汽车轮胎纵向直线型和锯齿型的花纹。

为什么汽车轮胎打气不用气筒？

这是因为汽车的轮胎比自行车的轮胎要大得多，气筒那么小，如真给汽车打气，不知道要打多少下呢！特别是汽车的轮胎要支撑很重的东西，所以汽车轮胎里的气压必须很大，而气筒的压力太小，所以它很难给汽车轮胎打足气。

考考你

汽车轮胎表面花纹的作用，是为了增加车轮与地面间的（　　）。

A 压力　　B 重力　　C 摩擦力

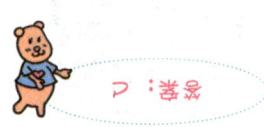

答案：C

53　汽车的灯罩为什么凹凸不平？

　　每辆汽车前都有两个大灯，像两只眼睛一样，它们的功劳很大。可是，这两个大灯的玻璃灯罩是凹凸不平的，这是为什么？

　　如果用平面玻璃做汽车的灯罩，光线通过玻璃时只能发生

直射，那么夜间车两旁的路面会因灯光昏暗而看不清；再加上汽车本身的晃动，司机的眼睛容易疲劳。另外，如果用平面玻璃做汽车灯罩，当车灯照到迎面的行人、车辆时，对方会感到十

分耀眼，看不清路面而容易造成事故。而凹凸不平的玻璃灯罩，能把光线散射开，扩大照射范围。这样，司机不仅能看清汽车前方的道路，也能看清汽车两旁的景物，保证汽车能安全行驶。

直射

光线的光束朝着同一个方向沿直线传播叫直射。比如，有的小朋友拿着一面小镜子反射太阳光，这就是运用了光线的直射原理。

考考你

1.（　）玻璃做的灯罩，光线通过玻璃时只能发生直射。

　　A 凹凸不平　　B 平面　　C 毛化

2.（　）的玻璃，能把光线散射开，扩大照射范围。

　　A 凹凸不平　　B 平整　　C 毛化

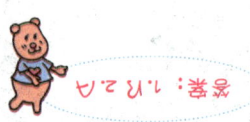
答案：1.B 2.A

54 什么是"概念"车?

"概念"车一词是由英文"concept car"翻译过来的，它是一种介于设想和现实之间的中间产物，主要用于车辆的研究和试验，可以为研究汽车造型提供可靠的科学依据。概念车分为两种，一种是能跑的真正汽车，另一种是设计概念模型。第一种比较接近于批量生产，其先进技术已步入试验并逐步走向实用化，因而一般在5年左右可成为公司投产的新产品。

科学奥秘一点通

第二种汽车虽是更为超前的设计，但因环境、科研水平、成本等原因，只是未来发展的研究设想。

概念车的设计着重减少汽车行驶过程中所受的空气阻力，所以，概念车的流线型车身常常给人留下深刻的印象。概念车在内部结构上，也常常尽可能地采用各时期最杰出的技术、最新型的材料和最合理的设计方式。可以说，概念车集中了科技领域中最先进的技术成果，是汽车行业中的尖端产品。

流线型

在这里指车身模仿波浪线一样，有起有伏。一般跑车都采取比较动感的流线型，目的是减少空气的阻力，提高车速。

小资料

考考你

（　　）是一种介于设想和现实之间的中间产物，主要用于车辆的研究和试验，可以为研究汽车造型提供可靠的科学依据。

A "概念" 车　B摩托车　C卡丁车

答案：A

55　为什么液罐汽车都采用圆柱形的车厢？

　　液罐汽车一般被用来运输一些容易燃烧和挥发的液体，如汽油、柴油等，罐内必须留有一定空间，目的是防止液体受热膨胀，避免罐体受到过大的内应力而破裂。而罐内留有空隙后，车辆在行使中产生的跳动和机械振动，会引起液体的晃动，对罐内壁产生冲击力。

　　如果罐体是圆柱形的，震动所产生的冲击波就会沿罐体的圆

科学奥秘一点通

周方向均衡地分散到罐壁上，不会造成内应力过于集中而使罐体破裂的现象。

越野车

　　越野车是一种与普通车辆不同的车种，它能爬山涉水，征服险恶的自然环境。越野车拥有更完备的安全措施：较高的驾驶位置保证了视野的开阔；车体结构坚固，设置在车内的钢梁，能够保护乘员在碰撞时免受人身伤害；轻型的座椅使乘员坐上更稳固；车身还有防火装备。

小资料

考考你

　　液罐汽车都采用圆柱形的车厢，目的是防止液体受热膨胀，避免罐体受到过大的（　　）而破裂。
　　A 内应力　　B 外力　　C 平衡力

答案：A

56 汽车为什么都以后轮驱动？

　　我们知道大部分的汽车都是前轮做导向轮，后轮做驱动轮。这是为什么呢？

　　首先，一般汽车的前轮承担载重量的 1/4，后轮承担了载重量的 3/4，这是为了汽车在上坡时省力，下坡时安全设计的。我们知道汽车开车时要有较大的牵引力才能启动，那么汽车的驱动轮与地面之间必须有较大的附着力，而这种附

着力又与驱动轮上的载重量成正比的。因此，后轮做驱动轮获得牵引力最大。

其次，汽车的刹车装置只有装在后轮上，刹车时汽车才能平稳的停下来，如果前轮是驱动轮，刹住前轮时，车的后半部会跳起来，极不安全。

再次，前轮做导向轮便于驾驶员操纵，如果前轮既做导向轮，又用做驱动轮，操纵机构必然会非常复杂。

汽车的前窗为什么是倾斜的？

汽车的前窗都是倾斜的原因是：首先，前窗倾斜可以减少汽车前进中的空气阻力；其次，是为了减少车窗玻璃的反射和透射，保证行车的安全。

1.汽车一般是以（　　）驱动。

A前轮　B后轮　C前后轮共同

2.汽车的前窗都是（　　）的。

A倾斜　B竖直　C磨砂

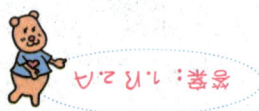

答案：1.B 2.A

57 电动汽车会取代燃油汽车吗?

电动汽车的原理和电动自行车的原理一样,是以蓄电池为电源,用直流电动机作为驱动装置的车辆。在 20 世纪中期,因汽油紧缺电动汽车得到大力开发。但后来油价下降,内燃机性能不断改进,因而内燃机汽车比电动汽车发展得更快。

但是,燃油汽车排放出来的气体含二氧化碳、氧化氮、致癌烃类化合物和铅的物质,以及造成的噪声,严重地污染了环境,损害人体的

健康。同时,石油资源是有限的,终有用完的一天。与其相比,电动汽车行驶时噪音小,不排放有害物质,不会造成环境污染。而且,目前人们已大

科学奥秘一点通

力发展电能，蓄电池技术快速发展，使其性能也有了大幅度提高。因此，电动汽车以其操纵方便，使用寿命长，比燃油汽车耗能更低、更舒适的优势，必将受到人们的欢迎。

什么是网络汽车？

"网络汽车"是集各种先进的电子设备于一身，能利用电脑和卫星导航系统，具有全球通信能力的高科技汽车。随着汽车和计算机技术的发展，网络汽车右在不久的将来就会来到我们的生活之中。

小资料

考考你

1. 电动汽车是用（　）电动机作为驱动装置。

A 直流　B 交流　C 直交流转换

2. 电动汽车（　）造成空气污染

A 会　B 不会　C 不一定会

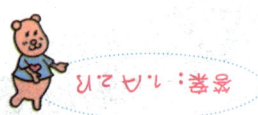

答案：1.A 2.B

58　为什么汽车在刹车时一定要刹住后轮？

快速行使中的汽车，一旦遇到紧急情况必须立刻停住时，就得猛踩刹车。如果汽车的刹车是装在前轮上，那么后果就是前轮被刹住，不转动了，而后轮还在转动，它迫使汽车向前动。在这种情况下，车身前半部分不动了，车身后半部却会向上跳起来，甚至整个车身会以前轮为支点向前翻倒。而如果刹住后轮，这时整个车

科学奥秘一点通

身以后轮为支点，由于车身受到地面的阻碍，向前冲的惯性并不会使车身往前翻。所以，汽车刹车时一定要刹住后轮。

安全气囊

　　为了在刹车时减少意外的碰撞，现在每辆轿车里都装有安全气囊。安全气囊是一种新型汽车安全设施，通常设置在汽车的前排位置。当车辆发生碰撞时，汽车前部常常会变形，这时，安全气囊会在瞬间自动充气并胀开，防止人的面部和胸部受到猛烈撞击。

1. 汽车刹车时一定要刹住（　　）。

A 后轮　　B 前轮　　C 方向盘

2. 为了在刹车时减少意外的碰撞，现在每辆轿车里都装有（　　）。

A 皮带　　B 安全气囊　　C 垫子

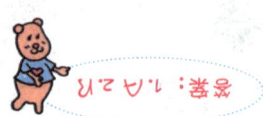

答案：1.A　2.B

59 三栖汽车是怎么回事?

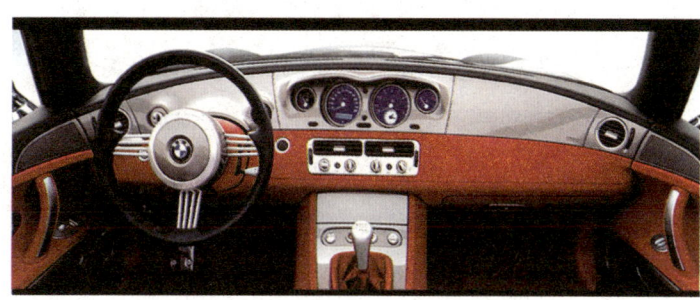

瑞士某汽车公司,在一次展览会上展出了世界上首辆既可在陆地上行驶又可以在水面浮游,乃至在空中飞行的汽车。

这种水陆空三栖汽车的动力组合机组是一台容积为 750 立方厘米的双汽缸发动机,其最大功率为 140 匹马力。该车在陆地上行驶的最大速度接近 200 千米/小时,而从静止加速到 100 千米/小时所需时间仅为 5.9 秒,在水面上浮游时速度大约为 50 千米/小时。

这种汽车在"小艇"状态时是利用专门"翼片架"和液压控制系统进行操纵的，为此汽车的"翼片"或"翅膀"可以不脱离水面，同时能进行短距离空中滑行。

汽车的发动机是如何工作的？

汽车的发动机一般为内燃机，它配有气缸，而气缸内有可以上下活动的活塞。汽油或其他燃料的燃烧产生的压力，推动活塞向下移动。活塞的上下移动则带动连接活塞和曲轴的连杆的转动。离合器和变速器连接着传动轴和车轮。

小资料

考考你

（　）某汽车公司，在一次展览会上展出了世界首辆三栖汽车。

A 中国　B 瑞士　C 法国

答案：B

60 磁悬浮列车为什么开得那么快？

2003 年，我国的第一辆磁悬浮列车在上海开始运营，标志着我国成为世界上第三个掌握磁悬浮技术的国家。

磁悬浮列车是一种利用磁极吸引力和排斥力的高科技交通工具。它主要依靠电磁力来实现传统铁路中的支承、

导向、牵引和制动功能，其速度高达每小时 517 千米，但原理并不深奥。磁悬浮列车是运用磁铁"同性相斥，异性相吸"的性质，使磁铁具有抗

拒地心引力的能力，即"磁性悬浮"取消轮轨。它采用长定子同步直流电机将电供至地面线圈，驱动列车高速行驶，从而取消了受电弓。列车在运行过程中，与轨道

科学奥秘一点通

保持一厘米左右距离，处于一种"若即若离"的状态。由于避免了与轨道的直接接触，行驶速度也大大提高。

为什么说磁悬浮列车
是绿色交通工具？

磁悬浮列车将成为21世纪人类理想的交通工具，磁悬浮列车时速达300公里以上时，噪声只有66分贝，仅相当于一个人大声地说话，比汽车驶过的声音还小；由于它以电为动力，在轨道沿线不会排放废气，无污染，是一种名副其实的绿色交通工具。

小资料

考考你

　　1.磁悬浮列车的时速可以达到每小时（　　）千米。
　　A 400　　B 200　　C 517
　　2.列车在运行过程中，与轨道保持一（　　）左右距离。
　　A 厘米　　B 分米　　C 米

答案：1.C 2.A

61 气垫船为什么能在陆上行驶?

气垫船能在水面上和陆地上轻快、平稳的行驶，是不是很神奇呢?

原因很简单，我们知道，如果你给物体一个推力，就能获得一个相反方向的推力，气垫船就是利用这个原理制造的。它在行驶的时候，向船底喷出又急又快的气流。这股气流产生托起气垫船的推力，推动船向前跑。船底与河水水面之间会出现一层气流层，好像"气垫子"一般，所以称为气垫船。

气垫船在陆上行驶时，也是

科学奥秘一点通

利用向下喷出的气流把船身悬浮起来，但是因为地面没有水面平坦，气垫船离地面高一点时气流很容易逸散，造成托力不足；离地面低一点的时候，又很容易撞坏船底。后来，人们在气垫船底围上一圈橡胶，气流被约束在橡胶圈内，然后从橡胶圈下泄出，因此气垫增厚很多，气垫船也被抬高很多。只有这样，气垫船才能真正地在陆地上行驶。

最早的汽船

世界上第一辆投入使用的汽船叫夏洛特·邓达斯。1802年，它在苏格兰的一条河上开始了它的首次航行。但是，这艘汽船需要8.82千瓦的蒸汽机驱动，而且行驶时击出的水太大，容易破坏河岸，因此该船后来未被使用。

1.如果你给物体一个推力，就能获得一个( )方向的推力。

　　A 向下　　B 同方向　　C 相反

2.气垫船在陆上行驶时，利用向下喷出的( )使船身悬浮起来。

　　A 土　　B 水　　C 气流

答案：1.C 2.C

62 飞机失事后为什么 要寻找"黑匣子"？

飞机失事后，一切都被烧坏或者摔坏了，为什么黑匣子却能够保存下来呢？

这是因为，黑匣子一般安装在不易被火烧，也不易摔坏的飞机尾部，它能承受100倍于本身重量的载荷冲击和1吨的断裂载荷，而且经过一个月以上的海水、淡水和其他任何液体的浸泡而不受影响。

当飞机失事后，黑匣子每秒钟会发出一次讯号，一般讯号期

科学奥秘一点通

有 30 天，但一般在 20 天后，讯号就会减弱，有时电池电力不足时，减弱时间也可能提早。黑匣子是能给飞机事故的分析提供重要情报的依据，有时候也是唯一的依据，所以失事后必须寻找它。

黑匣子

黑匣子又叫自动记录器，它能自动记录飞机失事前 30 分钟内的多种数据资料，包括飞行速度、高度、航向、俯仰姿态、机内对话等等。

小资料

考考你

1. 黑匣子又叫（　　）。
A 自动录相机　　B 自动录音器
C 自动记录器
2.（　　）是飞机失事后分析情报的重要依据。
A 飞行器　　B 黑匣子　　C 发动机

答案：1.C 2.B

63 为什么客机上没有降落伞？

军用飞机发生事故或者被击毁时，驾驶员总会跳伞逃生，降落伞成了生命的护身符。可是，客机上却没有降落伞，这是为什么呢？

虽然跳伞是很好的逃生手段，但对于没有经过训练的人来说，跳伞也是相当危险的。在不明飞行高度以及速度，并且搞不清下方地形的情况下匆忙跳伞，也很容易造成伤亡事故。

假如客机为乘客准备降落伞，那么稍有机械故障，或者机身晃动，一些不明真相的乘客要求跳伞，就会造成整个

125

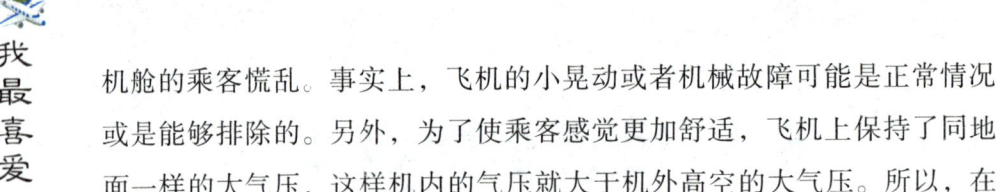

机舱的乘客慌乱。事实上，飞机的小晃动或者机械故障可能是正常情况或是能够排除的。另外，为了使乘客感觉更加舒适，飞机上保持了同地面一样的大气压，这样机内的气压就大于机外高空的大气压。所以，在空中客舱的门是不可能打开的，因此也就无法跳伞了。

气　压

因为我们所生存的地球被大气层紧紧包围着，那么这个气层对于地球上的物体都是有一个压力的。这个压力就是气压。

1. 军用飞机发生事故时，驾驶员会（　　）逃生。
A 打电话　B 跳机　C 跳伞
2. 飞行时，飞机内的气压（　　）高空中的气压。
A 大于　B 小于　C 等于

答案：1.C 2.A

64 手机为什么能远距离通话？

在英国，几岁的孩子都有手机，可见它的发展速度之快。那么手机为什么能远距离通话，你们知道吗？

手机又叫移动电话，目前在我们的生活中已是普及很广的通讯工具。它的工作原理是：当你用移动电话进行呼叫时，移动电话会发射无线电波（也称为射频能量），这些无线电波可被距离最近的基站接收。一旦基站接收到移动电话传来的无线电波，就会将其传输到交换台，交换台根据当前呼叫的类型将呼叫转接到另一个基站或固定电话线网络，从而实现通话。

移动电话的每个基站采用全方位天

线，它的服务半径约为 10 千米，因此要想让移动电话号码的通讯服务面积大，就必须多设基站，那样就不会出现盲区，有的通过卫星可使信号更好。

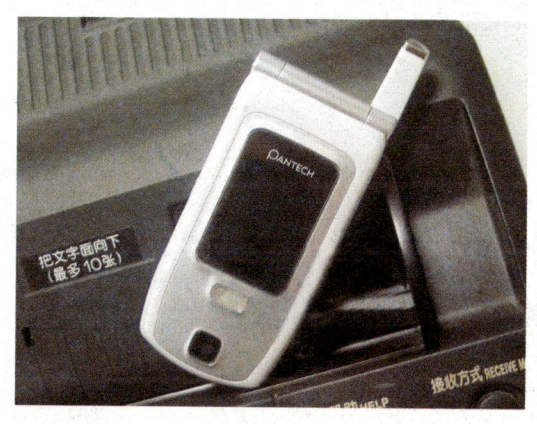

我最喜爱的第一本百科全书

无绳电话是怎么回事？

无绳电话机是将电话的底座与送受话器之间的连接导线去掉，用无线收发机代替它的功能，但主机仍通过电话线与电话网的交换机相连的电话。这种电话使接、打电话的人变得更方便，可以说是移动电话的前身。

小资料

考考你

1. 移动电话又称（　　）。

A 电话　B 手机　C QQ

2. 如果想让移动电话的信号好，没有盲区，就要多设立（　　）。

A 基站　B 天线　C 电站

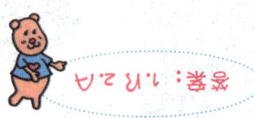

答案：1.B 2.A

65　为什么飞机上不能用手机？

　　飞机在空中是沿着规定的航线飞行，整个过程都要受地面航空管理人员的控制和指挥，而管理人员的一切操作都要利用无线电波来进行。移动电话也是利用无线电波传递信息的，由于这两种无线电波频率接近，如果碰到一起会相互干扰。因此，为了飞机的安全着想，飞机上的手机必

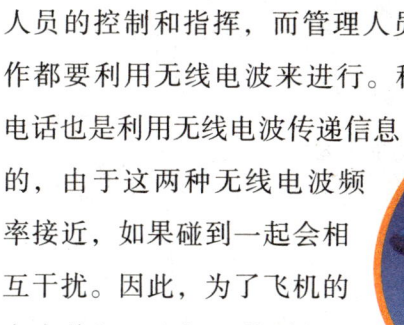

须关机。

　　移动电话工业界也表示，他们无法营造特殊的信号塔，使信号能够在 9900 米的高空传播 960 公里远。因此，飞行中不得使用手机的禁令也就无法解除。

飞机上能否打电话？

　　现在飞机上已经有专用的固定电话了，它与普通的手机不同，信号是被屏蔽和控制的，由卫星系统进行控制，因此这种电话可以打，它不会干扰飞机和地面管理人员联系的无线电波。

　　1. 飞机在空中飞行时，地面上的管理人员通过（　）对其进行控制和指挥。

　　A 无线电波　B 红外线　C 紫外线

　　2. 飞机上的固定电话信号是由（　）系统控制的。

　　A 地球　B 卫星　C 无线电

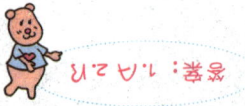

答案：1.A 2.B

66 为什么车轮是圆的?

　　圆都有一个圆心,圆心到圆周上任何一点的距离都是相等的。这个距离,就叫做半径。如果把车轮做成圆形,车轴安在圆心上,当车轮在地面滚动的时候,车轴离开地面的距离总是等于车轮半径。因此,车厢里乘坐的人感觉很平稳。如果车轮不设计成圆形,也就是说从轮缘到轮子圆心的距离不都相等,那么,这种车子走起来,一定会很颠簸,人就感觉很不舒服了。

　　车轮做成圆形还有一个重要

科学奥秘一点通

的原因：圆形车轮滚动的摩擦阻力比其他形状的车轮摩擦阻力要小得多，这样车子的速度就快得多，而且费力少、节省燃料。

圆形方向盘的诞生

　　汽车在刚发明的时候，是用长长的驾驶舵柄来控制车辆的方向，这样就经常有事故发生，因为在汽车行驶的时候经常需要调整方向，长长的驾驶舵柄容易打伤乘客或驾驶者。当人们发现圆心到圆周的距离相等时，就发明了更加安全、顺手的圆形方向盘代替以前长长的驾驶舵柄。

1. 一个圆的所有半径是（　　）的。

A 相等　B 不相等　C 不确定

2. 汽车刚发明时，是靠（　　）驾驶的。

A 圆形方向盘　B 长长的驾驶舵柄

C 扁扁的手柄

答案：1.A 2.B

67 为什么火车要 在轨道上行驶？

火车之所以要在轨道上行驶，主要是为了更加省力。在 100 多年前，蒸汽机发明后，就出现了火车，但是人们发现火车的行动速度并不像想象中的那么快。随着不断地研究，终于出现了用钢铁造的轨道，这样火车轮子滚动的阻力大大降低了，火车的速度也就提高了。另外，火车非常沉重，如果让火车像汽车那样在地面上直接行驶，一般的路面

科学奥秘一点通

都难以承受那样的压力，而轨道下架设枕木就降低了火车对地基的压强，这样就保护了地面。

为什么火车轨道间有空隙?

一般情况下，金属都有热胀冷缩的特性，火车轨道衔接的地方就会有专门为轨道受热膨胀伸长而设的缝隙。如果没有缝隙，轨道之间就会相互挤压、扭曲，使整条铁路变形，所以火车轨道接口处都会有缝。

小资料

考考你

1. 金属都有（　）的特性。
A 热胀冷缩　B 热缩冷胀
C 不受温度影响
2. 轨道下的枕木可以保护（　）。
A 火车　B 地基　C 轨道

答案：1.A 2.B

68 为什么火车上要装双层玻璃窗?

寒冷的冬天玻璃传热很快，这样车厢里的热很快就会传出去了，车厢里就会和外面差不多一样冷，车厢里的水汽也会凝在玻璃上，形成霜和露。还有，虽然窗户的缝隙很小，但冷风还是会吹进来，这样车厢里就很冷了。

因此，在火车车厢上安装双层玻璃窗，可以保证车厢内有一个适宜的环境温度。因为双层玻璃窗中间有一个空

科学奥秘一点通

气层，而空气是不易传热的，车厢的窗户有了这道空气屏障，就使得车厢像穿上了一件棉衣，可以抵御车厢外严寒的影响。

把耳朵贴在铁轨上为什么能听到远处的火车声？

因为声音在钢铁中跑的速度要比空气中快上 10 多倍呢！声音在空气中每秒能走 300 多米远，可在钢铁中每秒能跑 5000 多米远。

小资料

考考你

火车车厢上安装双层玻璃窗，可以保证车厢内有一个适宜的（　　）。

A 环境温度　　B 餐厅　　C 休息

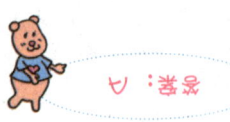

答案：A

69　为什么轮船要逆水靠岸？

　　轮船逆水靠近码头，可以利用水流对船身的阻力起一部分"刹车"作用，使船速降低，这样就可以方便平稳靠岸了。

　　另外，这也是由船的形状所决定的。造船时，为了使船在水中行驶时减小阻力，一般都把船造成船头尖、船尾大。当船在逆水的时候，船头朝着水流方向，这样水的冲力随着船头被分成两个分力，船头受到的冲力就很小。铁锚又在船头上，它完全可以稳住船身。另

科学奥秘一点通

外，逆水抛锚时，当锚一下水，船就顺着水流倒退，正好使锚能紧紧抓住海底，驾驶也非常方便。水流越大，锚越能抓住。

如果船在顺水方向抛锚，由于船尾大，受到水的冲力大，会把船推进，不容易稳住船，甚至会使船旋转，这样容易使锚翻转，影响锚的抓力。因此，在一般情况下，都是逆水抛锚的。

为什么轮船能够向前航行？

轮船虽然体积庞大，却能够在水中快速向前航行，这是因为，轮船尾部有一个长得像电风扇的东西，叫做螺旋桨，它在内燃机的带动下快速转动，将水向后推，因为作用与反作用的关系，于是水给轮船一个向前的力，推动轮船前进。

小资料

考考你

为了使船在水中行驶时减小阻力，一般都把船造成（　　）。

A 船头尖、船尾大

B 船头钝、船尾小

C 船头尖、船尾小

答案：C

70 为什么自行车在骑行时不会跌倒?

有些小朋友看到路上行人骑的自行车经常会产生好奇，他们怎么不会摔下来呢？为什么自行车在骑行时不会跌倒呢？

凡是高速转动着的物体，都有一种竭力保持转动轴方向不变的能力。自行车在骑行时，它的前轮和后轮就是两个迅速转动的物

科学奥秘一点通

体，它们也有保持转动轴方向不变的能力，这就使得自行车在行进中不会倒下。

另外，人在骑车时，要随时根据倾斜的方向调整前轮的角度，以保持重心不过多地偏离中心线，这也是自行车不倒的重要原因。

陀螺为什么越转越不倒？

很多人小时候都玩过"陀螺"。我们用软绳抽打它，使陀螺转得越快，它也就越不容易倒下。还有火箭及卫星上控制姿态的"陀螺"，这些都是和自行车转动的车轮不容易倒所利用的物理原理一样的。

小资料

考考你

凡是高速转动着的物体，都有一种竭力保持（　　）方向不变的能力。

A 转动轴　B 运动　C 直线

答案：A

71　潜水艇为什么能上浮和下沉？

普通的船舰，只能在水面上航行，可是潜水艇却能像鱼一样，既可以在水面上航行，也能够沉到海洋深处，在水里潜伏前进。

这是为什么呢？其实潜水艇沉浮的道理和鱼相似。潜水艇两侧备有可以充水的大水箱，它们就像鱼的鱼鳔一样。大水箱用钢铁制成，可以人工放水、吸水。当潜水艇需

科学奥秘一点通

要下沉时，人们就打开进水阀门，让海水灌满水箱，这时潜水艇的重量大于它所受到的浮力，就会沉下去。当潜水艇需要上浮时，只要用机器把大量的压缩空气压进水箱，把水箱中的水赶出去，潜水艇逐渐变轻，重量小于它所受到的浮力，就可以浮出水面了。调节水箱的水量，使潜水艇的重量等于它所受到的浮力，潜水艇就可以自由地潜伏在水中行驶了。

鱼是怎样在水中沉浮的？

鱼能在水中沉浮，是因为鱼腹中有两个气泡样的东西，叫做"鱼鳔"。鱼儿一会游到水面，一会潜入水中，它的鱼鳔也一起收缩或膨胀。当鱼鳔收缩时，鳔里的空气被挤出来，鱼体略略缩小，水对鱼的浮力也减小，鱼就沉入水中了。鱼就是这样靠鱼鳔内充气多少来控制在水中的沉浮的。

调节水箱的水量，使潜水艇的重量等于它所受到的（　　），潜水艇就可以自由地潜伏在水中行驶了。

　　A 浮力　　B 重力　　B 摩擦力

答案：A

72 为什么两艘平行向前疾驶的轮船互相吸引？

　　1912 年，一艘当时世界上最大的远洋轮船"奥林匹克"号和铁甲巡洋舰"哈克"号相距 100 米并行时发生了相撞的海上事故。

　　后来科学家根据伯努利原理证明这个意外事故，主要是流体的性质所造成的。当"奥林匹克"号和"哈克"号并排航

科学奥秘一点通

行时，在它们之间就形成了一条水沟，这里的海水虽然没有向前移动，但船却向前高速行驶着。从相对运动的观点来说，这相当于海水高速向后移动。而船外侧的海水，虽然也相当于向后移动，但比起两船之间的海水来说，流速要慢得多。因此，两船外侧海水对船舷的压力大得多，正是这个压力差，把质量较小的"哈克"号推向了"奥林匹克"号。

伯努利原理

在水流或气流里，如果速度小，压力就大，如果速度大，压力就小。

根据（　　），液体的压力，跟它的流速有关系，流速越大，压力就越小。

　　A 牛顿定律　　B 相对论

　　C 伯努利原理

答案：C

73 为什么钢铁造的大轮船能浮在水面上？

现代的大轮船都是钢铁造成的，相同体积下，钢比水重7倍多，而且船里所载的货物，如粮食、机器、建筑器材等也都比水重得多，为什么它还能漂浮在水面上呢？

原来，浸在液体里的物体，要受到向上的浮力，其大小等于物体排开液体的重量。钢的比重大，实心的钢块在水中会沉下去，我们可以做个小试验：把一张薄薄的铁片放在水里，它很快就沉下去了。但如果把这张铁片做成一个盒子，重量没有改变，它却能浮在水上。这是因为铁盒子的体积比铁皮大得多，排开水的重量也大得多，所得浮力也大多了。只要浮力大于铁皮重量，铁盒

科学奥秘一点通

就不会沉下去,而且浮力会随着物体浸没在水里部分的体积增大而增大。在制造大轮船时,其内部是造成空心的,所以排开水的体积就大大增加了,因此钢铁造的大轮船能浮在水面上。

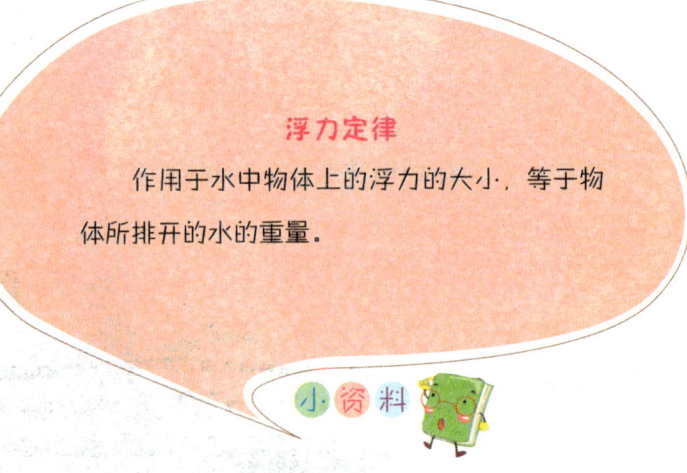

浮力定律

作用于水中物体上的浮力的大小,等于物体所排开的水的重量。

小资料

考考你

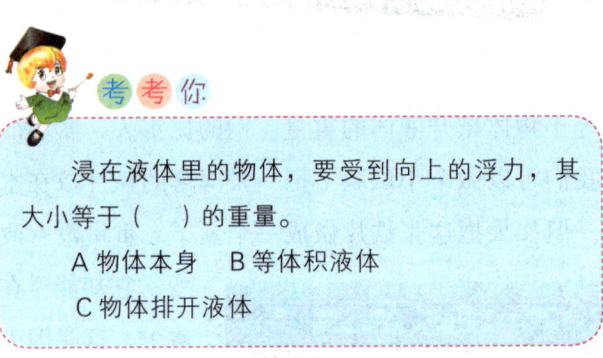

浸在液体里的物体,要受到向上的浮力,其大小等于( )的重量。

A 物体本身　B 等体积液体

C 物体排开液体

答案:C

74 飞机都要飞得很高吗？

飞机通常都是飞得越高越好。从军事方面来说，在空战时比敌机飞得高，可以居高临下，便于攻击对方，或者有利于逃避对方飞机的攻击和地面炮火的拦击。从民用方面来说，在高空飞行，空气阻力小，气流比较稳定，旅客坐在飞机里可以少受颠簸。现代民用喷气客机的飞行高度一般在 1 万米左右，军用飞机有的可以飞到 2~3 万米。

但是，有些军用飞机需要飞得很

科学奥秘一点通

低，这样能避开敌方雷达的搜索。有的民用飞机也需要进行低空飞行，例如在农业上用来喷洒灭虫和除草药剂的飞机，它们需要在农田上空做离地几米的超低空飞行。如果飞得太高，飞机上喷洒出来的药粉就会被风刮跑，降低药效。

水上飞机

水上飞机是一种在水上起飞和降落的航空器，在20世纪20·30年代被广泛使用。航空界人士相信，水上飞机在他们所需要的横跨海洋的长程新航线上要比一般飞机安全，因为水上飞机降落后可以像船一样停泊在水面上。

现代民用喷气客机的飞行高度一般在（　）万米左右，军用飞机有的可以飞到 2 ~3 万米。

A 1　B 2　C 3

答案：A

75　为什么潜水艇潜到水下就不怕风浪了？

波浪的产生常常是风力作用的结果。海面上风力越大，波浪拥有的能量就越大；而且，波浪沿水平方向传播时，常常会形成后浪赶前浪的现象，使波浪传得很远。两个相邻波峰之间的距离（波长）

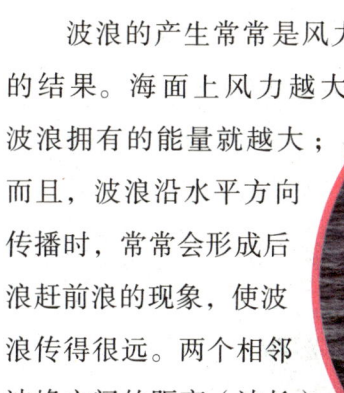

可以拉得很长（可达 600 米）。波浪拥有的能量很大，一个浪头扑过来，可以使每平方米面积上受到几吨甚至几十吨力量的冲击。所以，一般的船舶都害怕遭到风浪的冲击。

149

科学奥秘一点通

但是波浪在向下传播时，随着深度的增加而急速地减弱下来。所以，即使海面上风急浪高，潜水艇只要潜到几十米以下，就能往来自如，一点也不会受到波浪的影响。

海 啸

海啸是一种具有强大破坏力的海浪，它的高度可达10多米至几十米不等，形成"水墙"。另外，海啸波长很大，可以传播几千公里而能量损失很小。由于以上原因，如果海啸到达岸边，"水墙"就会冲上陆地，对人类生命和财产造成严重威胁。

小资料

150

考考你

1. 波浪的产生常常是（　）作用的结果。
　A 风力　B 电力　C 水力
2. 波浪在向下传播时，随着深度的增加而急速地（　）下来。
　A 增强　B 减弱　C 文中没提到

答案：1A 2B

76 为什么航空母舰被称为"海上霸王"?

目前，最主要的海上兵器当首推航空母舰，它是现代海军水面战斗舰艇中最大，也是作战能力最强的舰种。作为世界上最大的战斗舰艇和各国海军的中坚力

量及海上实力的重要象征，航空母舰以其强大的制海、制空能力、续航能力和辉煌的战绩而著称于世。

航空母舰十分庞大，可以携带着大量的战斗机，能够迅速地对空中、海面、陆地和水下的目标发起迅猛地攻击，因此就像是一个活动的军事基地。虽然航空母舰本身不装备火炮，但仍

科学奥秘一点通

具有超强的防卫能力。这是由于它出征时，通常率领着庞大的舰队，舰队和航母本身携带的很多飞机和其他舰艇，可以组成严密的火力网。所以，航空母舰的整体威力是十分巨大的，因而被称为"海上霸王。"

什么是巡洋舰？

巡洋舰具有多种作战能力，是主要在远洋作战的大型水面战舰，是目前在役舰艇中舰炮、导弹武器最多的一种。它们是现代海军主要的战斗舰艇之一，主要用于保护己方或破坏对方的海上交通线，进行海上作业战，保障登陆兵上陆和布设水雷障碍等。

1. 航空母舰（ ）战斗机。

A 可以携带着大量的

B 可以携带着少量的

C 不可以携带着

2. 目前，最主要的海上兵器是（ ）。

A 鱼雷　B 水雷　C 航空母舰

答案：1.A 2.C

77 为什么无声手枪没有声音？

无声手枪射击时声音很轻，距离稍远的人就听不到声音，所以叫无声手枪。它的声音很小，主要是枪口外面装置了一个消声筒。消声筒是由十几个消声碗连接而成，消声碗就像平常没有底的碗。当高压气体从枪口喷出时，每遇到一个消声碗，气流便在里面膨胀一次，消耗一次能量。经过若干次的能量消耗，高压气体已经和外界的空气差不多了，这样声音就会变得很小。另外，无声手枪还有其他的一系列措施：第一，子弹采用速燃火药，从而降低了膛口压力，减小了排气

科学奥秘一点通

时的声音；第二，使子弹的飞行速度小于音速，以消除啸声；第三，采用非自动射击为主的射击方式，使手枪的零件撞击声减小。

第一支连发步枪的诞生

第一支连发步枪诞生于19世纪的美国。1861年5月的一天，一名叫斯潘塞的小伙子闯进华盛顿美国陆军部介绍自己发明的连发步枪，但是没有引起军官们的注意，但幸亏当时的美国总统林肯发现了他，于是斯潘塞表演了他的发明。就这样，在总统的干预下，第一种连发步枪于1862年12月31号正式装备美国陆军。

考考你

无声手枪在射击时声音很小，主要是因为装置了（　）。

A 消声筒　　B 无声枪管

C 无声子弹

答案：A

我最喜爱的 第一本 百科全书

154

78 为什么防弹衣能防弹？

　　我们知道在古代战争中如果士兵穿上盔甲，就可以保护身体。但是，这些盔甲对子弹是没有用的，现在战场上士兵怎么样保护自己呢？

　　上个世纪 50 年代时，防弹衣出现了。防弹衣主要是用来保护执勤时的警察和打仗时的士兵们的。防弹衣的防弹原理从根本上说有两个：一是将弹体碎裂后形成的碎片弹开；二是通过防弹材料消释弹头的动能。防弹衣能够防弹是由它的特殊材料决定的。防弹衣是由陶瓷玻璃钢复合材料和高性能纤维制作的。这些陶瓷玻璃钢复合材料每块有 15 平方厘米，分别安插在衣服的前胸和后背紧密相连的

科学奥秘一点通

小口袋里。当被子弹打中时,玻璃钢片就将子弹的撞击力传遍整个防弹衣,使冲击力分散,达到防弹的效果。

为什么消防员救火时
不容易身上着火?

因为消防员的身上穿着消防衣。这种衣服不怕火,是因为它是用石棉做成的。石棉做的衣物在1000度的高温下,也不会被烧着。所以,消防员能够冲进火灾现场进行救火。

小资料

  考考你

1. 防弹衣是由（　）和高性能纤维制作的。
A 玻璃　B 陶瓷
C 陶瓷玻璃钢复合材料
2. 消防衣是用（　）做成的。
A 铁　B 玻璃　C 石棉

答案:1.C 2.C

79 坦克成员为什么
必须戴坦克帽？

从电视上，我们可以看到军人都带着轻巧的统一钢盔，而坦克兵就比较奇怪，戴着厚厚实实的坦克帽。这是为什么呢？

原因很简单，首先是为了减少噪音。

坦克里面装了大功率的发动机和各种传动机械，而坦克内部空间很小。战场上，机器的声音、轰鸣声和坦克发射炮弹和机枪的声音都散发在小小的坦克内，那噪音让人听不见任何其他声音，使人心烦意乱。戴上坦克帽以后，就可以把这些声音隔绝在外了。其次，戴坦克帽是为了进行车内通话和对外通信联系。坦克帽上都有耳机和喉头送话器。喉头送话器装在坦克帽的扣带上，戴上坦克帽后它正好贴在喉头两侧。坦克乘员说话时，喉头送话器能将喉头部分的振动

科学奥秘一点通

转变成电信号，然后通过导线送入车内的通话系统，从而有效地防止噪音对话筒的干扰。车内的通话系统与车内对外联络的无线电台连在一起，因此坦克乘员能很方便地与外界联系。最后，坦克帽还有一项最基本的用途，就是保护驾驶员的头部。

电信号

电信号分模拟和数字两种。模拟电信号为电压或电流信号，数字信号为计算机能理解的二进制信号。

158

考考你

喉头送话器装在坦克帽的扣带上，戴上坦克帽后它正好贴在喉头（　　）。

A 下面　B 上面　C 两侧

答案：C

80 隐形飞机为什么能够隐形？

在 1991 年的海湾战争中，美国出动1200多架飞机，竟没有一架被击落，引起了世界的轰动，人们把它们称之为"隐形飞机"。那么这种飞机人眼真的看不见吗？当然不是。

隐形飞机并不是真的隐形，而是应用了各种技术减少对雷达波的反射、向外的散热和本身电磁波辐射等特征信息，使敌方的探测系统不易发现的飞机。它之所以能够隐形，首先是飞机制造上选用了先进的隐形材料。它是用铁氧体和绝缘体烧成的一种复合材料，既不反射雷达波，又能够吸收电磁波。电磁波碰到它以后，转

159

化成热能被吸收了。雷达收不到反射波，也就发现不了它。其次，隐形飞机还采用了一系列高新技术，如降红外线辐射技术、降噪音技术、电子干扰技术等。这些设备都能帮助飞机逃脱敌方的雷达，从而不被发现。

舰艇也能隐形吗？

舰艇也能隐形，一是使用舰艇模拟器，以假乱真达到隐形的目的；二是在受到攻击时，释放烟雾隔阻舰艇的噪音，然后逃脱；三是发射大量黏胶金属颗粒，形成假舰艇目标进行逃脱。

1. 电磁波碰到隐形飞机以后，转化成热能被（　）了。

A 发射　B 发散　C 吸收

2. 潜艇释放烟雾隔阻潜艇的（　），然后逃脱。

A 形体　B 噪音　C 前进

答案：1.C 2.B

81 为什么枪弹头的直径比枪的口径还大?

如果你想钻进一个洞里,你一定要比洞口小才能进去。但是如果说枪口的直径比子弹小,你相信吗?

有一种

半自动步枪的枪口直径是 7.62 毫米,但它的子弹直径却是 7.9 毫米。这是为什么呢?不要以为这是不配套的子弹,这样设计的原因是多方面的。

第一,使枪弹头能挤入枪膛,并且在枪膛内确实起到密闭火药气体的作用;第二,弹头在枪膛内运动时,弹头能卡入膛线并顺膛线旋转;第三,火

科学奥秘一点通

药气体能充分作用在弹头的底部，保证它出了枪口后能在空中高速向前旋转，准确地命中目标。

枪管中的螺纹作用是什么？

枪管内壁的螺纹就是膛线。每支枪都有膛线，即使打鸟的气枪都有。膛线一般为4条或6条，左旋、右旋的都有，不同型号的枪支膛线缠距一般都不同。膛线的作用是使弹头能够旋转飞行，以增加稳定性、射程和杀伤性，并且它还可以增加弹头的初速度。

小资料

考考你

1. 如果枪口的直径是8毫米，那么，它的枪弹可能是（ ）毫米。

A 7.7　B 8　C 8.3

2. 枪弹头比枪口直径大时，火药气体能才充分作用到弹头的（ ），使弹头命中目标。

A 底部　B 中部　C 上部

答案：1.C 2.A

82 什么是全球定位系统？

　　全球定位系统最先是美国在 1994 年建成的，是具有能在海、陆、空进行全方位的导航与定位能力的新一代卫星导航与定位系统。

　　全球定位系统具有性能好、精度高、应用广、不受天气影响等多种优点，是迄今最好的导航定位系统。用户只要装备接收装置就可以接受系统的信号进行导航定位，不要求用户发射任何信号，因而体积小而灵活，这种被动式导航不仅隐蔽性好，而且可

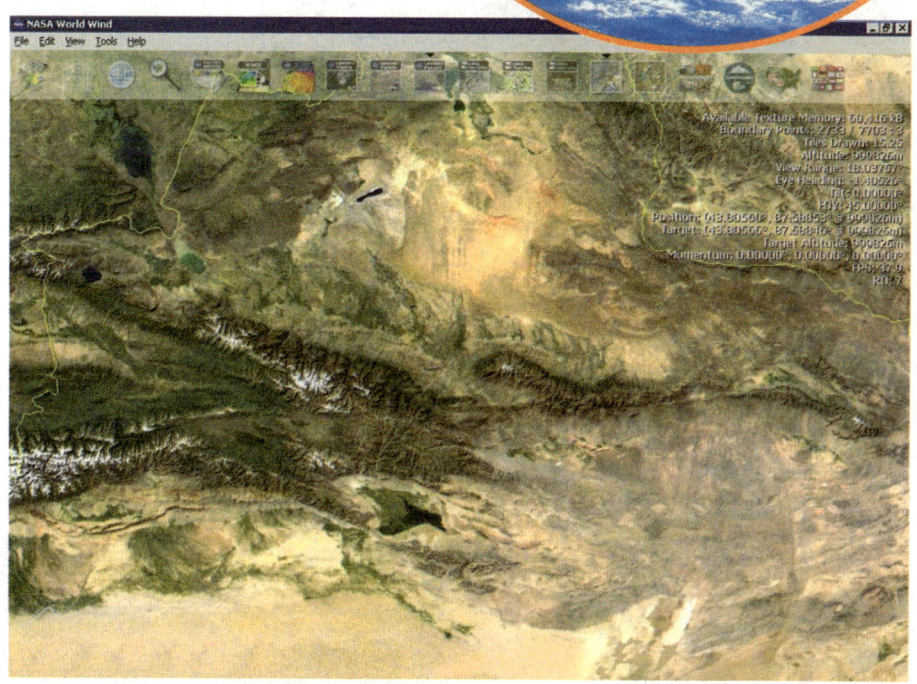

科学奥秘一点通

以容纳无限的用户。随着全球定位系统的不断改进、完善，应用领域正在不断地拓展，目前已遍及国民经济各种部门，并开始进入人们的日常生活。换句话说，只要身上携带了接收装置，无论你在哪里，全球定位系统都能很快地找到你。

卫星导航定位

　　利用卫星导航定位系统提供的位置、速度、时间等信息来完成对地球各种目标的定位、导航、监测和管理。目前，世界上的全球定位系统主要有美国的 GPS 和俄罗斯的"格洛纳斯"系统，欧盟正在积极建设"伽利略"系统。我国是世界上第三个拥有卫星导航系统的国家，那就是北斗区域导航定位系统。

全球定位系统最先是（　　）建成的。

A 英国　　B 前苏联　　C 美国

答案：C

83　飞机为什么要逆风起降？

　　飞机之所以选择逆风起降，是因为飞机通过机翼获得的升力的大小取决于飞机与空气的相对速度，而不取决于飞机与地面的相对速度。

　　飞机如果顺风起飞，与空气的相对速度等于飞机滑跑速度减去风速，由于相对空气运动速度小，获得升力也就小，滑跑距离自然要比无风时长；而如果顺风着陆，同样因为相对空气运动速度小，飞机必须克服风速影响，这不仅会使飞机着陆滑跑距离增加，而且给飞机准确着陆带来困难，极

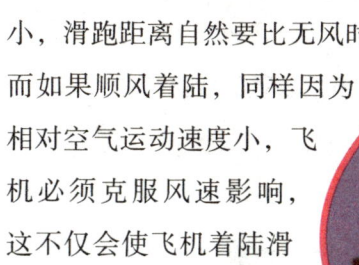

科学奥秘一点通

易造成超过规定地点接地，使飞机发生冲出跑道的事故。

而飞机逆风起降时，飞机以小于无风条件下的滑跑速度，便可获得足够的起降升力，既可以缩短起飞滑跑距离，又可以减少着陆冲出跑道的事故。

为什么飞机越大越平稳？

坐过飞机的人都知道，飞机越大，飞行时越平稳；飞机越小，飞行时就越颠簸。就像体积越大的轮船浮力越大一样，大型飞机的机翼宽大，能产生足够的升力。同时，大型飞机的发动机功率大，飞机能够抵抗较强的高空气流影响。

166

飞机逆风起降可以减少着陆冲出（　　）的事故。

A 机场　B 跑道　C 滑道

答案：B

84 核武器是怎样被发明出来的？

核武器是 20 世纪以来人类所拥有的、最可怕的毁灭性武器，它包括原子弹、氢弹、中子弹三种类型，它的使用方法包括飞机空投、导弹发射等几种。

那么，这可怕的杀人武器又是怎样发明出来的呢？

1939 年，希特勒统治下的德国准备利用一种叫做铀的金属元素研制原子弹。这一消息传出后，

科学奥秘一点通

当时正流亡在美国的一些科学家，请爱因斯坦出面，给美国总统罗斯福写信，要求美国务必抢在德国之前制造出原子弹。

美国正式制定了研制原子弹的计划，并将其命名为"曼哈顿计划"，一大批优秀的科学家投入了这项工程之中。经过艰苦而又危险的不断试验及千千万万人日以继夜的努力后，1945 年 7 月，美国终于制成了绰号为"瘦子"、"胖子"和"小男孩"的 3 颗原子弹。

世界上谁拥有核武器？

目前世界上共有 7 个国家拥有核武器，其中包括联合国的 5 个常任理事国美国、英国、法国、俄罗斯、中国以及印度和巴基斯坦。事实上，以色列和日本等国都已具备了制造核武器的能力。

小资料

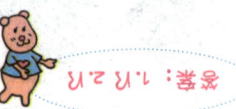

考考你

1.（   ），希特勒统治下的德国准备利用一种叫做铀的金属元素研制原子弹。

A 1949 年　B 1939 年　C 1938 年

2.（   ），美国终于制成了绰号为"瘦子"、"胖子"和"小男孩"的 3 颗原子弹。

A 1945 年 8 月　B 1945 年 7 月

C 1945 年 6 月

答案：1.B 2.B

168

85　坦克可以在水下行驶吗？

坦克是陆地作战时的坚固堡垒，攻击力较强。那么坦克可以和潜艇一样在水下行驶吗？

只要经过特殊的改进技术，坦克也是可以在水下行驶的。

坦克可以凭借自己良好的密封性和专用的潜水设备来进行水下潜渡，当然这样水下潜渡不是无限制的。通常情况下坦克手会选择在水面较窄，水深不超过5米，流速不超过每秒2米的河底平整的河段上进行潜渡。最早的坦克潜渡是第二次世界大战期间，

169

科学奥秘一点通

德国第 18 装甲师正是利用这种方式度过了苏联的布格河，发起突然进攻的。目前世界上大多数主战坦克都具备一定的潜渡能力。

高射炮可以打坦克吗？

坦克虽然很厉害，但是它也有害怕的东西。在二战中，德军的 88 毫米系列高射炮对盟军的坦克构成了巨大的威胁，没有任何坦克可以抵挡它的正面一击。高射炮也简称为"高炮"，它是从地面向目标射击的一种火炮，不仅可以打坦克，还可以打飞机。

小资料

170

坦克（　）潜渡。
A 不可以　B 可以　C 不知道

答案：B

86 次声波武器有什么威力？

声波都有一定的频率范围。频率低于20赫兹的声波叫次声波，我们人的耳朵是听不见这种声波的。

次声波有一种见缝就钻的特殊本领。由于人的身体表面有许多小孔，次声波可以不费力地进入人体。人体内脏的自然振动频率大概是每秒钟几次，正好在次声波的频率范围之内。因此，如果使次声波的频率与人体各内脏的自然振动频率相等，就会使人体内脏器官发生共振。这样，就会使器官受到破坏，严重时会致人死亡。

军事上利用次声波的这种特性，正在研制次声弹。次声弹这种新型武器实际上就是一种高强度的次声波，它可以远距离地、无声地致人于死地。次声弹虽然目前尚处于研究、

171

科学奥秘一点通

试验阶段，但其强大的杀伤破坏作用，受到了军事强国的高度重视。在不远的将来，它很可能成为兵器世界中的一个奇兵。

共 振

在物体做受迫振动的过程中，当驱动力的频率与物体的固有频率接近或相等时，物体的振幅增大的现象叫做共振。

考考你

1. 频率低于（　　）赫兹的声波叫次声波。
A 30　　B 60　　C 20

2.（　　）这种新型武器实际上就是一种高强度的次声波，它可以远距离地、无声地致人于死地。

A 次声弹　　B 超声弹　　C 中子弹

答案：1.C 2.A

87 液体子弹是怎么回事？

你知道还有一种像水一样的液体子弹吗？液体子弹是什么样子呢？

实际上，液体子弹是一种可供室内外近距离使用的警用化学武器。它的外形呈圆柱形，里面装有化学毒剂和低压氮气。这种子弹可以握在手里，也可以装在口袋里或挂在钥匙链上。圆筒上有一个自锁式可滑动的阀门，下压阀门按钮，里面的化学液体立即经导液管从喷嘴射出，形成射流。

药剂遇到空气后会很快蒸发，射流到达一定距离后，即分散为液滴，继而变成更小的颗粒。这些液滴颗粒喷射在人的面部和皮肤

173

科学奥秘一点通

上，会使人眼睛剧疼、流泪，看不清东西;同时，还造成呼吸困难、胸闷、打喷嚏，皮肤疼痛难忍并伴有烧灼感。

液体防弹衣

这种新式防弹衣遭到子弹或炸弹碎片击中时，立刻硬如铁甲来保护身体，接着随即恢复先前状态，集防护、轻便于一身。它的秘诀是防弹衣的材质中含有一种可像液体流动的物质。这种物质遭到外力撞击时会排行、互相锁起来，形成格状的坚硬防护层，外力消失后，它又恢复原样。

（　　）是一种可供室内外近距离使用的警用化学武器。

A 液体子弹　　B 中子弹

C 原子弹

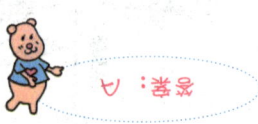
答案：A

88 为什么要开发深层海水？

我们赖以生存的地球，被称为"水球"，因为它的大部分都是海洋。

海洋辽阔神秘，它不仅有丰富的水产品，还有各种动物。但是海水很苦，不能吃也不能喝。可我们还是听到有关开发深层海水的消息，那么，为什么要开发深层海水呢？

深层海水具有水质清洁、富含营养、水温低、污染少的特点，日本现在利用深层海水生产酱菜、酱油、豆腐、清酒等多种食

科学奥秘一点通

品。利用深层海水生产的食品发酵快、口味纯正，深受欢迎。海洋200米深处，阳光几乎照不到，因而有机物分解速度加快，产生大量的氮磷等养分，为大量培养微细藻类提供了优越条件。利用深层海水进行水产养殖，鱼虾的成活率非常高。

人能浮在海水里不沉下去吗？

答案是肯定的。在约旦与巴勒坦之间，有一个名叫死海的咸水湖。死海里的水咸极了，含盐量比普通的海水高出六七倍。因为水太咸了，其密度已经超出了人体的密度。所以即使不会游泳的人在死海里也不会下沉。

小资料

考考你

利用（　）进行水产养殖，鱼虾的成活率非常高。

A 表面海水　　B 深层海水

C 深层湖水

答案：B

89 你知道能治百病的温泉吗？

曾经有人说他取到了圣水，这种水可以治疗疾病，以此来欺骗百姓，诈取钱财。那么，究竟有没有这种圣水呢？答案是肯定的，不过不像有些人说的那样神奇。

圣水只不过是温泉而已。我国是世界上温泉最多的国家之一，约有 2000 多处，遍布全国各地。温泉可分为碳酸泉、硫磺泉、放射性泉、含盐泉、单纯泉和碱泉等。

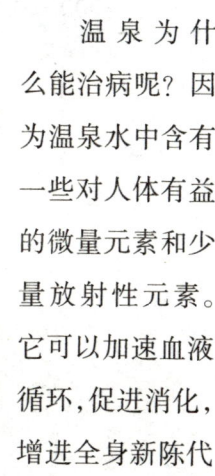

温泉为什么能治病呢？因为温泉水中含有一些对人体有益的微量元素和少量放射性元素。它可以加速血液循环，促进消化，增进全身新陈代

科学奥秘一点通

谢，有利于炎症渗出物的吸收等。总之，所有的温泉都有解除疲劳，舒畅身心，增强体质，促进健康，治疗多种疾病的功能。

最有名的温泉——华清池

华清池是唐代华清宫内的温泉浴池，这里以温泉和风景秀丽著称。据记载，唐玄宗从开元二年（714年）到天宝十四年（755年）的41年时间里，先后来此达36次之多。华清池现有4个泉眼，每小时总流量112吨，水温43度，内含多种矿物质和有机物质，沐浴对理疗皮肤很有帮助。

小资料

考考你

我国是世界上温泉最多的国家之一，约有（　　）多处。

A 2000　B 3000　C 1000

答案：A

90 沼气为什么被称为廉价的燃料？

在我国的农村，很多家庭都在使用沼气。

沼气是一种混合气体，主要成分是甲烷，约占 60%~70%；其次有 30% 左右的二氧化碳；另外还有少量的氢、氮、硫化氢、一氧化碳、水蒸气等。

沼气本身无色、无味、无臭，它的酸臭味是沼气中的硫化氢等成分带来的。沼气可以点灯照明，也可煮饭烧水。用沼气代替汽油、柴油发动机的效果也很好；还可以用沼气来发电，6 立方米左右沼气可发 10 度电。

沼气资源极其丰富，光是人的粪便一项，如果利用起来，一个 4000 万人口的省份，一年就可以生产 28 亿立方米沼气，相当于 190 万吨汽油，用过的粪便还可作为优质的肥料。

怎样制作沼气?

把人粪尿、牲畜粪便、作物秸秆、树叶、杂草之类，装到一个密闭的沼气池里，在一定的温度条件下，甲烷菌就会迅速繁殖，通过一系列的生物化学反应，就把有机物变成了沼气。

180

1.用沼气来发电,( )立方米左右沼气可发10度电。

A 6   B 7   C 8

2.沼气是一种混合气体，主要成分是( )。

A 甲烷   B 乙烷   C 甲醛

答案：1.A 2.A

91　为什么氢气被称为最理想的能源？

　　大家知道，氢是宇宙中最丰富的元素。地球表面约 71% 为水所覆盖，而氢除了在空气中之外，主要储存在水中。因此可以说，氢是取之不尽、用之不竭的。

　　燃烧 1 克氢，可释放 16 千焦热量，大约是航空汽油热值的 3 倍。氢是一种无污染的燃料，它燃烧后的产物是水蒸气，不会像煤和石油那样，燃烧后造成环境污染。

科学奥秘一点通

氢用途广泛，除了用于普通飞机和地面交通工具以外，还可以利用管道输送到家庭作为做饭、取暖和空调的能源。氢在运输和储存方面都很方便，用管道输送损失小。根据测算，用管道保存和输送氢气的费用，还不到电力输配费的 1/2。

因此，氢被称为最理想的能源。

氢弹的威力比原子弹大吗？

答案是肯定的。美国在原子弹发射成功后不久，又在它的基础上研制成功了氢弹，它的能量是原子弹的 150 倍。第一次氢弹试验，就毁掉了一个叫做艾路基拉伯的海岛，并在海底形成了一个 2 千米宽、50 米深的火山口，并同时炸死了在 220 公里外捕鱼的渔民。

考考你

1. 燃烧 1 克氢，可释放 16 千焦热量，大约是航空汽油热值的（　）倍。

A 5　B 6　C 3

2. 用管道保存和输送氢气的费用，还不到电力输配费的（　）。

A 1/4　B 1/2　C 1/3

答案：1. C 2. B

92 如何利用风能？

风中包含巨大的能量，如果把风力开发出来为人类服务，那将是一笔巨大的财富。

科学家预测，全世界每年燃烧煤发出来的能量，只及风力在一年内可为我们提供能量的 1/3000。所以，有人将风能称作我们肉眼看不见的"无形的煤"。

183

科学奥秘一点通

由于风能的大小与风速的立方值成正比，因此，风力发电机应尽可能安装在理想的风场，这种风场称为"风力场"。近年来，各国在选定的"风力场"上集中了一大批风力发电站，联合向电网供电。

风能储备

如何把风能储备起来，慢慢地供人类使用，已经成为科学家们研究的问题。目前储存风能的方法主要有：氢气储能、压气蓄能、风力充电。

考考你

全世界每年燃煤发出的能量，只及风力在一年内可为我们提供能量的（　　）。

A 1/30　　B 1/3000　　C 1/300

答案：B

93 收音机为什么能收到电台广播?

你们都听过电台的广播吧，广播是通过无线电磁波传送的。

那么，无线电磁波是如何产生的呢?

当导体中电流迅速变化时，它就会向四周空间发射电磁波。电磁波是向空间各个方向传播的，无线电通信中使用的电磁波通常叫做无线电磁波。

电台开始广播时，播音员的说话和各种广播节目的声音通过发射机和发射天线，

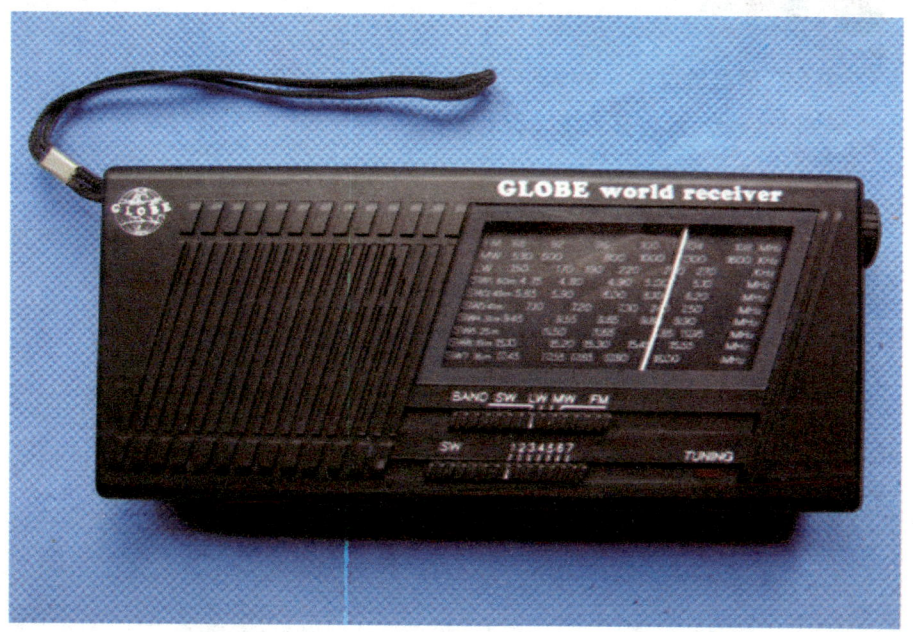

科学奥秘一点通

转变成无线电磁波发射到空中。当家里收音机的接收天线收到这些无线电磁波后，收音机又把它们还原成声波，再由扬声器放大，然后播放出来。这样，我们就听到电台的广播了。

电磁波

在空间传播的周期性变化的电磁场会产生电磁波。地球两极就构成了一个巨大的电磁场。

电台广播是通过（　　）传送的。

A 红外线波　　B 电磁光波　　C 无线电波

答案：C

94 为什么七巧板可以拼出许多物体形状？

　　七巧板是用一块正方形的木板或厚纸分作七块制成的，用这七块板可以拼成很多字或者各种物体的形状，因此又叫它"益智图"。

　　智力七巧板生动形象的图案、奥妙无穷的变化，深深地吸引着我们。我们虽然很熟悉七巧板，但你知道为什么七巧板可以拼出许多物体的形状吗？

科学奥秘一点通

我们在玩七巧板的时候，是不是注意到，无论我们把它拼成什么形状，七巧板的大小面积总是不变的。这在几何学中就叫做等积变换，七巧板就是通过这种变换，利用我们想象的巧妙组合，刻画出各种不同物体的轮廓的。

七巧板的起源

根据近代数学史学家们的研究，七巧板是明、清两代间由中国人发明的，已经有几百年的历史了。明末清初，皇宫中的人经常用它拼成各种吉祥图案和文字。在18世纪中叶，七巧板传到国外，外国人也很喜欢玩，叫它"唐图"。

1. 七巧板是用一块（　）的木板或厚纸分作七块而制成的。

A 圆形　B 长方形　C 正方形

2. 外国人叫七巧板（　）

A 清图　B 唐图　C 益智图

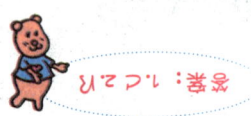

答案：1.C 2.B

95 为什么常常把树干刷成白色？

用于刷树干的物质主要是石灰水，这种物质对树木的生长可以起到保护作用。

因为石灰水可以杀死寄生在树干上的一些过冬的细菌和害虫，防止它们在树干上产卵、繁殖，还可以防止地上的害虫往树上爬。因为害虫都喜欢脏地方，但都不喜欢白色。

还有一个重要的原因：树木在冬天容易冻裂。如果把树干刷成白色，树干就会反射阳光，那么在白天它吸收的阳光少了，其温度就会

科学奥秘一点通

和晚上的树干温度基本保持一致，避免温差过大。这样，树木就不容易冻裂了。

冬天为什么要给树木剪枝？

这样做是防止树木里的水分过度蒸发。因为蒸发是吸热的，减少水分流失就是减少树木的蒸发量，使它们少消耗能量，保持"体温"，这样才能度过严寒。还有一个原因是减少代谢器官，以利于植物抗逆性的提高。

1．我们通常刷树干的物质是（　　）。

A 石灰水　B 清水　C 开水

2．把树干刷成白色可以防止树木（　　）。

A 枯萎　B 冻裂　C 吸收紫外线

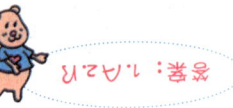

答案：1. A 2. B

190

96 洗衣机为什么能洗衣服？

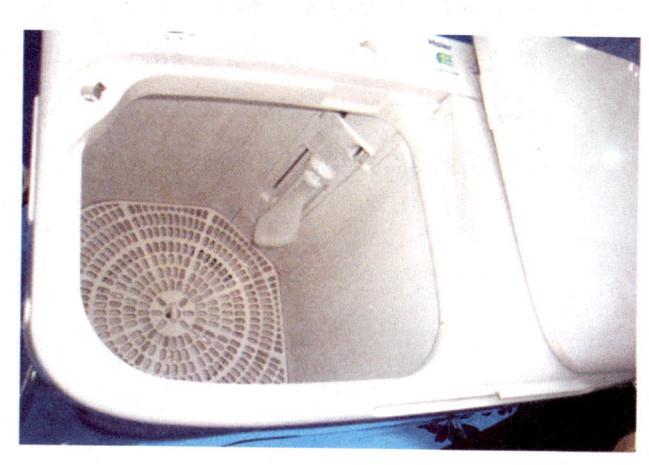

洗衣机洗衣服的时候，机器的波轮转动，带动水沿着筒壁旋转，形成一个涡流。这个涡流带动衣服回转，使洗涤剂与衣服之间，衣服与衣服之间，衣服和筒壁之间不断发生摩擦，起到类似用手搓揉、拍打的作用，使污垢被迫脱离衣物，从而达到把衣服洗干净的目的。

还有一个原因，由于洗衣桶形状的不规则，当旋转着的水流碰到筒壁后，其速度和方向都会发生改变，形成湍流。在湍流的作用下，衣物无规则地翻滚，衣服里的纤维不断被弯曲、绞扭、拉长，衣物相互摩擦，增大了洗涤的有效面积。这样，衣物就被洗得更均匀、干净。

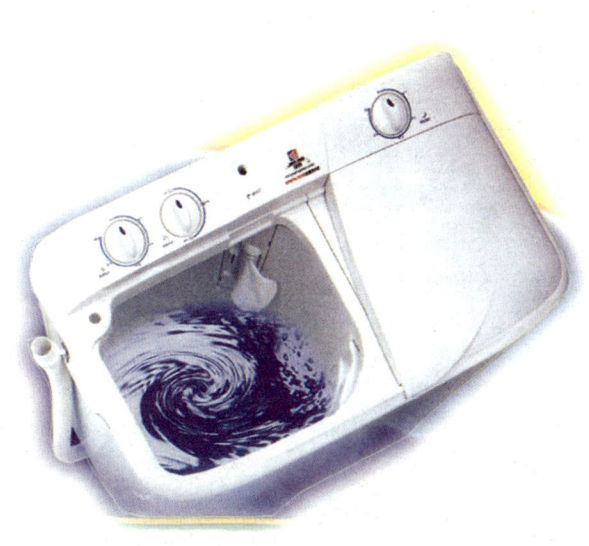

科学奥秘一点通

为什么能干洗衣服？

干洗所用的干洗剂的功能是可迅速溶解使灰尘粘着于纤维的油或油脂。干洗剂中添加了特选干洗助剂，它可使灰尘悬浮出来并防止其再次沉积在衣物上。然后，通过过滤或蒸馏处理，可把游离的污垢从干洗剂中分离出来。

小资料

考考你

1. 洗衣机启动后，里面的（　　）转动，使里面的各种物质相互摩擦，把衣物洗干净。

　　A 波轮　　B 洗涤剂　　C 衣服

2. 由于洗衣桶的形状是（　　）的，使旋转的水形成湍流，衣物洗得更加均匀干净。

　　A 规则　　B 圆形　　C 不规则

答案：1.A 2.C

97 为什么甩干机能把湿衣服甩干?

冬天洗衣服真冷呀!尤其是像床罩床单一类的较厚重的衣物很难拧干。现在已经有了一种叫甩干机的机器可以帮助我们拧干衣服了。那么,你知道甩干机是怎样工作的吗?

其实这里面的道理很简单,我们可以用雨伞做个简单的实验。下雨天雨伞有

很多雨水时,你握住伞把,转动雨伞,就会看到伞面上的水珠都被甩出去了。转得越快,甩出去的水珠就越快越多,这和甩干机的道理是一样的。湿衣服放在甩干机里,一按电钮,甩干机就飞快地转动起来,衣服上的水珠就被甩出去了。所以,当我们从甩干机中拿出衣服时,衣服就已经比较干了。

科学奥秘一点通

为什么全自动洗衣机可以自动运行？

全自动洗衣机通常是由控制器（主要由微处理器构成）、电机、进水阀、排水阀、水位开关、安全开关、电磁铁等部件组成，事先编制好的运行程序就安放在控制器里。全自动洗衣机自动运行的过程，其实就是控制器里的程序运行的过程。

小资料

考考你

1. 甩干机是利用（　　）来把衣服上的水珠甩出去的。

A 旋转　B 摆动　C 拍打

2. 全自动洗衣机自动运行的过程，其实就是控制器里的（　　）运行的过程。

A 程序　B 空间　C 部件

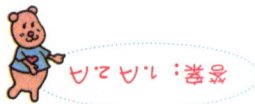

答案：1.A 2.A

98 为什么冰箱的门和体壁都做得很厚？

　　电冰箱的门和体壁都做得很厚，一般在 40 毫米 ~80 毫米之间，显得非常笨重。那么为什么要这样设计呢？这样设计是从隔热保冷的效率上考虑的。冰箱里面和外面的温度差得很大，为了防止冰箱里面的冷气向外跑，冰箱的体壁和门都要达到一定的厚度。另外，冰箱体壁和门的厚度还要取决于选用的材料。厚度相同但材料不同，也会导致隔热效果不一样。为此，厂家在制造冰箱的体壁和门时，都会选用轻薄而且隔热效果良好的材料。

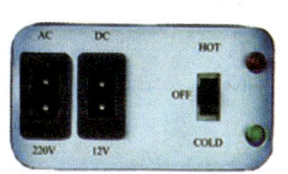

科学奥秘一点通

为什么冰箱有时会嗡嗡作响？

　　因为电冰箱里有一个电动压缩机，它把气体压缩变成液体，再让液体蒸发制冷，使冰箱里的温度降低。电动压缩机好像冰箱的心脏一样，人们把它叫做电冰箱的主机。主机工作时要振动，这个嗡嗡声就是主机振动而发出的声音。

　　电冰箱的门和体壁做得很厚，主要是从（　　）考虑的。

　　A 隔热保冷　　B 美观　　C 体积

答案：A

99 微波炉是怎样把饭做熟的？

1946 年，美国雷声公司的研究员斯潘瑟在一个偶然的机会，发现微波溶化了糖果，证明了雷达的微波辐射能引起食物内部的分子振动，从而产生热量。经过一番设计研究，第一台微波炉于 1947 年问世了。

微波是一种电磁波，这种电磁波的能量比通常的无线电波大得多。它碰到金属就发生反射，还可以穿过塑料等绝缘材料而能量不减。但是，它的克星是水，微波遇到有水分的食物，不但不能透过，其能量反而会被吸收。

这种肉眼看不见的微波，能穿透

科学奥秘一点通

食物达 5 厘米深，并使食物中的水分子剧烈运动而升温，从而使食物能在很短的时间内烹饪熟。

分 子

它是一种很微小的颗粒，人肉眼看不到。

分子保持了物质的一切化学性质，它是由原子组成的。

小资料

考考你

1. 第一台微波炉是在（　）诞生的。

A 英国　B 美国　C 中国

2. 微波炉里的微波是一种（　）波。

A 无线电波　B 红外线光波　C 电磁波

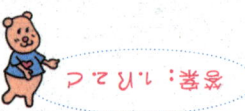

答案：1.B 2.C

100 天气预报是怎么来的？

我们每天都要看天气预报，以便确定第二天能干什么不能干什么。你知道最早的天气预报是怎么来的吗？

在古时候，人们只有抬头看天空才能知道天气将会怎样变化。在1854年11月4日，一阵暴风将英法联军的军舰疯狂地摔到海岸的岩石上，顷刻之间一个战无不胜的庞大舰队就消失了。法国皇帝拿破仑三世非常震怒，于是命令巴黎天文台调查这件事。一个叫勒威耶的天文学家发现这

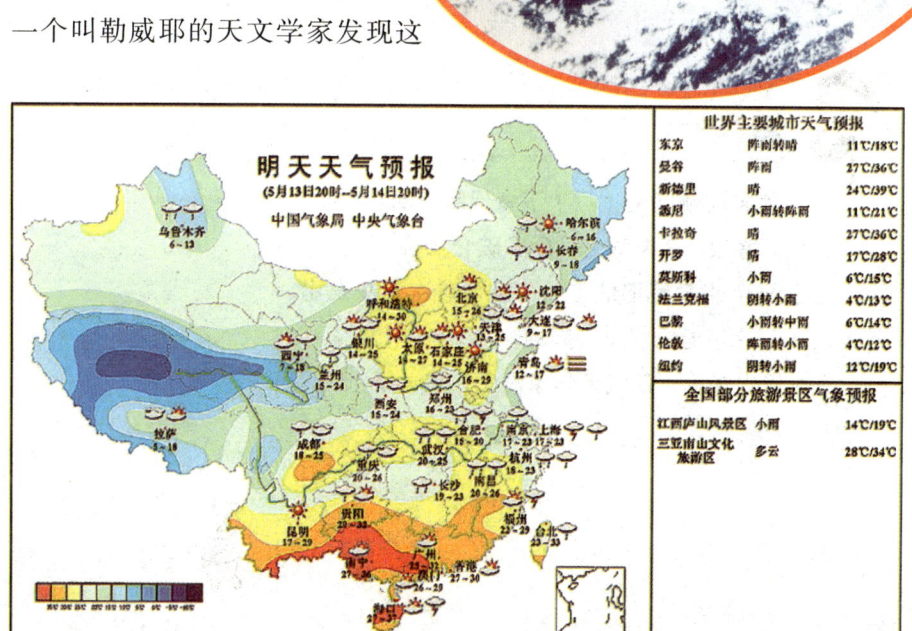

次事故是由大西洋上传来的低气压引起的。此后，在皇帝的命令下建起了气象观测网。他们利用电报传送气象信息，绘制天气图，进行天气预报。从此，天气预报开始发展起来。

现代天气预报是怎么预报天气的？

现在的天气预报由地面观测站和太空站气象人员共同进行大气探测。然后，由世界各地的气象台，通过全球气象通讯网络传给天气预报的使用单位。现在它的准确率比以前高多了。

小资料

考考你

1.气象观测网是（　　）下令建起来的。
A 华盛顿　B 拿破仑　C 拿破仑三世
2.一个叫勒威耶的（　　）发现这次事故是由大西洋上传来的低气压引起的。
A 历史学家　B 气象学家　C 天文学家

答案：1.C 2.C

101 什么是太空棉？

太空棉其实不是棉花，它是一种保温性能极好的高技术材料。它之所以叫太空棉，是因为最初被用于缝制宇航员的太空服。

缝制服装的太空棉，由 5 层不同的材料结合而成。底层化学合成纤维晴纶绒，然后是非织造布、聚乙烯膜、铝钛合金薄膜和尼龙绸保护层。

太空棉能抵御寒气入侵，保护体温，主要是靠第二层铝钛薄膜起的作用，它能把人体散

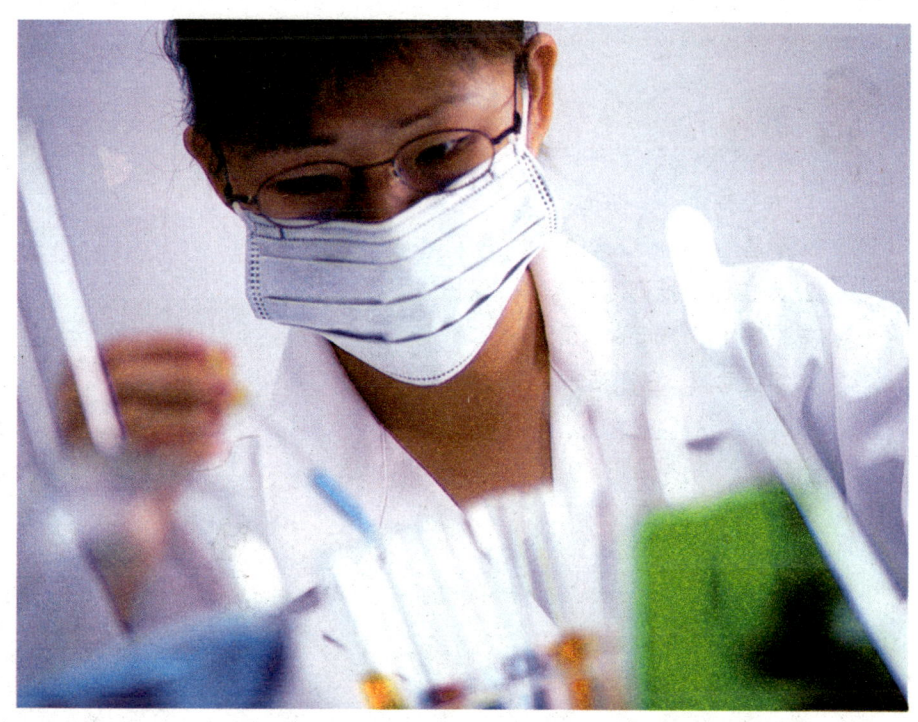

发的 95% 以上的热量反射回人体。热量出不去，冷气也进不来，体温自然能保持了。

为什么棉花会有彩色的？

长期以来，人们只知道棉花是白色的，其实，在自然界中早已存在有色棉花。这种棉花的色彩是一种生物特性，由遗传基因控制，可以传递给下一代，就像不同人种的头发有黑、棕、金黄一样，都是天生的。

小资料

考考你

1. 太空棉（　）棉花。

A 不是　B 是　C 文中没说

2. 太空棉能抵御寒气入侵，保护体温，主要是靠第二层（　）起的作用。

A 铝钛薄膜　B 织造布　C 尼龙绸

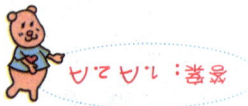

答案：1. A 2. A

102　四季是怎么划分的？

　　居住在温带地区的人们，对春暖花开、夏日炎炎、秋风送凉和天寒地冻的四季特征，几乎是人人皆知的常识。然而，你知道四季是怎样划分的吗？

　　在气象学上，划分四季常用的方法有两种：一种是把 3 月至 5 月划为春季，6 月至 8 月划为夏季，9 月至 11 月划为秋季；12 月至下年 2 月划为冬季。用这种方法划分的季节，简单、明了、易记，但不能反映不同地区的季节差异。事实上，不同的地区，由于地理纬度的不同，离海远近不一样和海拔高度不一致，四季特征差别很大。

科学奥秘一点通

一天中什么时候空气最新鲜？

一天24小时中，上午、中午和下午空气污染很轻，所以空气比较新鲜清洁，上午10点左右下午3～4点空气最为新鲜；早晨、傍晚和晚上空气污染较严重，晚上7点和早晨7点左右为污染高峰时间，这时的空气最不新鲜。

小资料

考考你

在温带地区，12月至下年2月是（　　）。
A 冬季　B 春季　C 秋季

答案：A

103 为什么下雪不冷化雪冷？

在冬季，冷空气一股一股从北方向南移动，当它与从南方来的暖湿空气相会时，就会阴云密布，产生降雪。在下雪以前，冷空气的势力一般比较弱（因而风也很小），当冷空气势力加强时，暖湿空气被上抬，变成云。这时天空布满了云层，像盖了一层被子一样，地面的热量不易散失掉，并且水汽在凝结成雪花的过程中会放出热量。所以，在冬天降雪前和降雪时人们不会感

205

科学奥秘一点通

到很冷。而后，当冷空气势力继续加强，控制了当地时，就会雪停云消，天气转晴。这时，温度受冷空气的控制，一般多刮偏北风，又由于失去了云层的保温作用，加上融雪时会从空气中吸收热量，气温就会随之下降，人们自然就会感到天气更加寒冷了。

雪是怎么形成的？

空气中有无数个小尘埃和微粒子漂浮着，高空的空气逐渐稀薄，而且大气在零度以下，并呈现出水蒸气无法入侵的饱和状态，此时有部分的水蒸气就进入小灰尘等微粒子，形成一颗颗小水滴（冰的结晶）。云的上端一旦冰晶化，冰晶就会吸收周围过于饱和水蒸气而成长，形成雪降落地面。

1. 在下雪以前，一般（　）的势力比较弱。
A 冷空气　B 暖空气　C 云层
2. 雪在融化的时候会（　）热量。
A 放出　B 吸收　C 传递

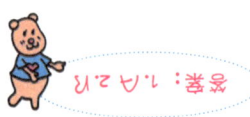

答案：1.A 2.B

104 什么是光的反射？

生活中，我们能看到五颜六色的物体，看到美丽的世界，这些都是因为光的反射作用。

我们做一面试验，用一个手电筒分别照射一张白纸和一面镜子，结果却发现白纸比镜子亮得多。这是为什么呢？

按理说，镜子反射光的本领比白纸大得多，为什么白纸反比镜子亮呢？原来，纸的表面布满微小且坑坑洼洼的小坑，来自外界的光射到这种表面上，就被凹凸不平的表面反射到四面八方，形成了所谓的漫反射。而镜子由于表面非常光

207

科学奥秘一点通

洁，光束照到上面，不会向四面八方反射，只能沿着某个确定的方向反射，人们把它叫做镜面反射。科学家发现，人之所以能看见世间万物，辨别它们的大小和形状，都要归功于漫反射。

光的折射

光由一种介质（物质）斜射到另一种介质时传播方向发生改变的这种现象叫光的折射。比如把一根筷子插进一个透明的装有大半杯水的玻璃杯里，我们从玻璃杯的侧面可以看到筷子好像被折断了一样。这就是光的折射现象。

我们能看到五颜六色的物体，都是因为光的
（　　）作用。

A 直射　　B 散射　　C 反射

答案：C

208

我最喜爱的第一本百科全书

105 人眼睛看物体为什么近处大，远处小？

我们看风景时发现，远处的树木比近处的树木，看起来要小得多，远方的高山看起来也不如近处的楼房高。这是为什么呢？

原来，我们眼睛里的水晶体就好像一面凸透镜，视网膜则相当一个面。若想看清楚某个物体，必须使它的像落在视网膜上。从眼睛的瞳孔中心对物体张开的角叫视角，视角的大小决定了视网膜上物体成像的大小。同样高的两棵

科学奥秘一点通

树，离眼睛远的一棵，它的视角小于近处的那棵，因而它在视网膜上成的像就比近处的小。近大远小就是这个道理。

太近的物体为什么人眼也看不清?

当物体靠近人眼时，为了看清物体，肌肉就必须压紧水晶体，使它的两个曲率半径变小。当物体移近到一定程度时，水晶体的两个曲率半径达到最小，这时物体到眼睛的距离称为近点。如果物体处于近点以内，由于水晶体的曲率半径已经不能再变小了，使得像落在视网膜之外，物体就看不清楚了。

小·资·料

考考你

1. 我们若想看清楚某个物体,必须使它的像落在（　　）上。

A 水晶体　B 视网膜　C 瞳孔

2. 如果物体处于（　　）以内，由于水晶体的曲率半径已经不能再变小了，使得像落在视网膜之外，物体就看不清楚了。

A 近点　B 远点　C 中点

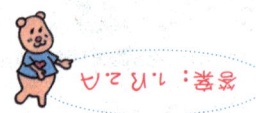

答案：1.B 2.A

106 雷电有什么奥秘？

很多小朋友都害怕打雷，尤其是一边打雷，一边闪电，真好像是天地在发怒一样。

雷电到底是怎么回事呢？原来，厚厚的雷层由于气流的摩擦分别带上了正负不同的电荷，这些电荷聚集在云层的两端，并且随着云层的增厚而不断增加，当电荷增加到一定程度，就会穿过云层放电。正

科学奥秘一点通

负电荷中和时会放出大量的热量，使空气因迅速膨胀而发出巨大的响声，这就是雷声，放电时产生的耀眼光芒就是闪电。

为什么打雷闪电时总是先看到闪电后听到雷声？

其实雷声和闪电产生的时间几乎是同时的，但是闪电总比雷声先出现，这是因为：闪电是光，雷声是声音，光在空气中传播的速度比声音快得多，因此我们常常先看到闪电后听到雷声。

1.厚厚的雷层由于气流的摩擦分别带上了（　）不同的电荷。

A 正负　　B 高低　　C 长短

2.光在空气中传播的速度比声音（　）得多。

A 快　　B 慢　　C 一样

答案：1.A 2.A

107　绿色交通真是绿色吗？

　　现在，我们生活中经常会听到有人提起"绿色"这个词，绿色是生命和春天的象征。

　　社会节奏的加快，生活水平的提高，使得人们开始更多关注我们生活的环境。所以人们就提出了绿色交通的说法。

　　那么，绿色交通真的是绿色吗？其实不然，绿色交通是指无污染、少污染而符合环

科学奥秘一点通

保要求的各种新型交通形式，如在大城市中大力发展地铁、轻轨交通等。在个人交通工具方面，电动汽车、天然气或液化气汽车、氢气汽车、甲醇和乙醇汽车等，都可能在不久的将来成为"绿色汽车"的主流。发展绿色交通其实是一种节约资源的措施，代表着以后城市发展的方向。

成功的典范——新加坡

新加坡作为偏居亚洲一隅的城邦小国，只有区区 680 平方公里的弹丸之地和不到 400 万的人口，却以其健全发达的交通路网和运输系统，前瞻性的交通管理与调节战略，有计划的土地使用和城市扩展政策，成为世界闻名的"花园城市"，为大多数亚洲发展中国家建立了现代都市发展的典范。

小资料

考考你

发展绿色交通是一种（　　）的措施。

A 节约资源　B 时尚潮流　C 不知道

答案：A

108 为什么地铁在城市交通中变得越来越重要？

地铁与城市中的其他交通工具相比有很多优点，一是运量大，地铁的运输能力要比地面公共汽车大 7~10 倍；二是速度快，地铁在地下隧道内风驰电掣地行进，畅通无阻，速度比一般地面车辆快 2~3 倍，有的时速可超过 100 千米；三是无污染，地铁以电为动力，不存在空气污染问题。此外，地铁还具有准时、方便、舒适和节约能源等特点。

现代社会中，由于汽车和人口越来越多，地面道路的运载能力始终有限，地铁在交通中的作用必定越来越重要。

地铁的诞生

最早提出修建地下铁道的人，是英国很有辩护才能的查尔斯·皮尔逊律师。在他当时生活的时代，伦敦的车辆很多，交通非常拥挤，经常发生事故。他注意到当时刚刚崭露头角的铁路有时速高、运量大的特点。于是，查尔斯·皮尔逊向伦敦政府当局提出了把铁路修建在城市街道下面的设想，经论证后被英国政府所采纳。

地铁的运输能力要比地面公共汽车大（　）倍。

A 7~10　B 2~3　C 4~6

答案：A